하마터면 부동산 경매도 모르고 집 살 뻔했다

왕초보도 무작정 따라 하면 고수가 되는
부동산 경매 교과서

하마터면 부동산 경매도 모르고 집 살 뻔했다

"부동산 부자가 되고 싶다면 경매부터 배워라!"

팬덤북스

하루 30분만 투자하면
경매 고수가 된다

100세 시대가 현실로 다가오면서 이제 은퇴 후 40년을 걱정해야 하는 세상이 되었다.

"어디 돈 버는 좋은 방법이 없을까?"

대한민국 국민이라면 누구나 한 번쯤 생각해 보았음직하다. 물가상승률에도 미치지 못하는 금리, 은퇴 자금을 맡겨 놓기에는 너무 위험 부담이 큰 주식, 불패 신화를 자랑하던 시절이 과연 있기는 했는지 기억조차 가물가물해지는 아파트까지……. 미래를 준비하기 위해 무엇 하나 선뜻 용기를 내볼 투자 대상이 마뜩치 않다. 은퇴 후 40년을 준비할 방법은 정녕 없는 것일까? 필자는 조심스럽게 말하고 싶다.

"여기 '부동산 경매'가 있습니다. 부동산 경매라면 갑부나 백만 장자는 아닐지라도 은퇴 후 노후 40년을 돈 걱정 없이 살 길을 찾을 수 있습니다."

부동산 경매는 그리 낯선 용어가 아니다. 부동산에 조금만 관심을 갖고 있는 사람이라면 누구나 익히 들어 보았을, 아니 한 번쯤은 진지하게 관심을 가져 보았을 투자 방법이다. 하지만 딱 거기까지가 대부분이다. 왜 그럴까?

일단 경매라고 하면 제반 절차가 딱딱하고 어렵다는 인식이 강하다. 다음으로 낙찰에 필요한 권리분석이 어렵다는 인식도 강하다. 경매로 부동산을 잘못 구입하면 낭패를 당하기 십상이라는 생각이 자리 잡을 수밖에 없는 구조인 것이다. 그렇다면 정말 부동산 경매는 딱딱하고 권리분석이 어려워 여차하면 낭패를 당하기 쉬울까?

시중에 넘쳐 나는 각종 경매 강의나 책들이 상당한 시간을 할애해 가면서 중요하게 다루는 내용들은 사실 난이도가 높다. 보고 있노라면 혹시 경매 전문가를 양성하려는 목적은 아닌지 의문이 들곤 한다. 사정이 이렇다 보니 학원 강의를 수강하거나 부동산 경매 서적을 몇 번씩 읽고 또 읽어도 좀처럼 권리분석을 이해하기가 쉽지 않다. 부동산 경매를 꼭 그렇게 어렵게 배워야만 할까? 결코 그렇지 않다.

경매로 부동산을 구입하려는 목적에 따라 충분히 권리분석의 난이도도 달라져야 한다. 예를 들어 고수익을 목적으로 유치권이나 법정지상권 등 특수 권리가 숨어 있는 경매물건을 낙찰받는다면, 변호사의 도움을 종종 받아야 할 정도로 권리분석에 있어 고도의 법적 지식이 필요하다. 그에 비해 경매에 관심을 갖는 목적이 단순히 연립/다세대 주택, 아파트, 단독주택 등을 낙찰받아 실제 거주하기 위한 것이라면? 소규모 근린상가나 아파트 상가 등 규모가 크지 않은 수익성 부동산을 낙찰받아 은퇴 이후 안정적인 현금 수입을 확보하기 위한 목적이라면? 그렇다면 굳이 권리관계가 복잡한 물건에 목을 맬 이유가 없다. 초보자라도 무난하게 낙찰받을 만한 경매물건이 도처에 널려 있기 때문이다.

부동산 경매 초보자가 감당하기 벅찬 물건이라면 쿨 하게 잊어버리고 다른 물건을 찾는 것이 바람직하다. 어렵고 힘든 권리관계의 실타래를 풀려고 괜한 시간을 낭비하느니, 그 시간에 권리분석이 어렵지 않은 물건을 찾아 정확한 시세 파악에 몰입하는 편이 임대 수익 창출이나 시세 차익 확보에 보다 효과적이다. 그렇게만 할 예정이라면 경매를 처음 접하는 초보자라도 하루 30분만 투자해도 충분히 부동산 경매에 참여할 만큼 이해할 수 있다. 그토록 소망하는 은퇴 후 40년을 차근차근 준비할 수 있는 것이다.

다시 한 번 말하지만 부동산 경매를 처음 접하거나 이제 막 시작하는 초보자일수록 필요 이상으로 연구하듯 파헤치고 샅샅이 알아야 한다는 생각을 버리자. 쉬운 경매물건은 의외로 많다. 돈이 문제지, 낙찰받을 경매물건이 없어서 문제가 되는 경우를 필자는 본 적이 없다. 이 책을 읽으면서 경매를 자기 것으로 만든 후 쉬운 물건을 찾아 자산을 늘려 가보자. 그러다 보면 경매 경험도 쌓이고 경매 수준도 높아지기 마련이다. 중급과 고급은 그 이후부터 관심을 가져도 늦지 않다.

그럼 지금 당장 시작해볼까요!

/ CONTENTS /

경매로 주택 구입하기

Step 4

경매로 수익성 부동산 구입하기

부록

실전 권리분석 사례 연습

Step 1

부동산
경매 이해하기

부동산
경매란?

　부동산을 싸게 사는 방법 중 부동산 경매만 한 것이 없다. 특히 요즘처럼 부동산 경기가 침체 국면이 되면 평상시보다 많은 사람들이 부동산 경매에 주목하곤 한다. 왜 부동산 경기가 침체되면 더욱 많은 사람들의 관심이 집중될까? 간단하다. 경매 낙찰가격의 기준이 바로 시세에서 출발하기 때문이다. 부동산 경기 침체는 '시세 하락 → 경매 감정가격 하락 → 낙찰가격 하락'으로 연결된다. 부동산 경기가 좋을 때도 정도의 차이만 있을 뿐 큰차이는 없다. 결국 경매로 부동산을 취득하는 사람들은 시세보다 떨어진 가격에 원하는 부동산을 구입하는 기회를 갖는 것이다.

아기가 걷기 위해서는 기어 다니는 연습이 필요하듯 부동산 경매로 재테크를 해 쏠쏠한 투자 수익을 창출하고자 한다면 우선 부동산 경매란 무엇인지 그 개념부터 간단하게나마 짚고 넘어가는 센스는 기본이다. 벌써부터 머리가 아프다고 하실 독자 여러분을 생각해서 첫날이니까 진짜 간단하게 살펴본다.

1. 부동산 경매에 대한 개념 정리

부동산 경매란 '채무자가 약속한 기일까지 채무를 변제하지 않은 경우 채권자가 채무자 혹은 채무자 이외의 제3자가 채무자를 위해 담보로 제공한 부동산을 환가하여 그 대금으로 자신의 채권을 회수하는 일련의 행위'라고 정의할 수 있다.

좀 더 쉽게 설명해 보자. 어떤 사람이 은행에서 대출을 받았다고 하자. 그 사람이 대출 원리금 상환을 못 하고 계속 연체를 거듭하면 은행은 어떤 선택을 할까? 여러분이 생각한 대로 못 받은 대출금을 회수하기 위해 은행은 법원에 경매를 신청한다. 등기사항전부증명서에 임의경매라는 등기가 이루어진 후(압류) 경매 절차에 들어가고, 누군가에게 낙찰되어 낙찰 대금이 납부(환가)되면 법원은 낙찰자가 납부한 대금으로 채권자인 은행에게 배당을 한다. 이때 비로소 은행은 못 받은 대출금을 회수하게 되는 것이다. 위와 같은 일련의 과정을 부동산 경매라고 한다.

2. 간략하게 살펴본 경매의 종류

부동산 경매의 개념을 알았으니 다음은 종류를 살펴보는 것이 순서이다. "어라! 경매도 종류가 있어?"라고 반문하는 독자들이 있을지도 모르겠다. 미리 말씀드리자면 개념적으로 경매를 구분한 것으로, 실제 대법원 경매 정보 사이트나 각종 경매 정보지를 통해 흔히 접하게 되는 용어들이다. 그냥 한번 쭉 읽어 보고 넘어가도 좋다. 어차피 부동산 경매를 하다 보면 눈에 근육이 생길 정도로 접하게 될 용어들이다. 굳이 처음부터 스트레스를 받으면서까지 시달릴 필요는 없다.

1) 강제경매와 임의경매
부동산 경매 매물을 입찰하기 위해 등기사항전부증명서나 각종 부동산 경매 정보지를 살펴보다 보면 종종 '강제경매'와 '임의경매'라는 용어들을 접하게 된다. 강제경매란 집행권원이 있는 채권자의 신청에 따라 법원이 채무자 소유의 부동산을 압류, 환가하여 그 매

[표 1-1] 강제경매와 임의경매

강제경매	채무자가 약정한 날까지 채무를 변제하지 않으면 채권자가 소송을 제기하여 받은 집행권원을 근거로 법원에 채무자 소유의 부동산을 경매 신청
임의경매	채무자가 채무 상환 기일을 지키지 않으면 사전에 채권자가 설정한 담보물권을 임의로 집행하는 경매

각 대금으로 채권자의 금전 채권을 회수하기 위한 목적으로 진행하는 강제집행 절차를 말한다. 임의경매는 채권자가 자신의 채권을 회수하기 위하여 채무자 소유의 부동산에 설정된 저당권, 질권, 전세권 등 담보물권을 실행, 환가하여 그 매각 대금으로 금전 채권을 회수하기 위한 절차이다.

2) 신경매와 재경매

'신경매'와 '재경매' 역시 부동산 경매 종류 가운데 하나라고 볼 수 있다. 신경매란 적법하고 정상적인 과정을 거쳐 경매가 진행되었지만 유찰이 된 경우, 혹은 최고가매수인이 결정되었지만 어떤 이유로 낙찰이 불허가되거나 매각허가 자체가 취소된 경우에 실시하는 경매를 말한다. 한편 재경매란 특정 부동산을 낙찰받은 낙찰자가 대금 납부를 하지 않아 법원이 직권으로 다시 경매를 진행하는 경우를 지칭한다.

[표 1-2] 신경매가 실시되는 경우

유찰(응찰자가 없는 경우)
최고가매수신고인인 응찰자에게 사유가 있어 매각 불허가 결정이 난 경우
매각 이후 해당 부동산의 가치가 현저히 감가될 정도로 훼손되거나 권리관계에 중요한 변화가 발생하여 매각불허가결정, 또는 매각허가결정을 취소한 경우

"별로 중요하지도 않아 보이는데 굳이 알아야 해?"라고 반문할지도 모를 독자를 위해 한마디 하겠다. 신경매인지 재경매인지를 따져야 하는 매우 중요한 2가지 이유가 있다. 신경매냐, 재경매냐에 따라 매수보증금과 최저매각가격에 차이가 있다는 점이다. 신경매는 최저매각가격의 10%가 매수보증금인데 재경매는 매수보증금이 20% 또는 30%가 된다. 최저매각가격 역시 신경매는 종전보다 20~30%가 저감되는 데 반해 재경매는 종전의 최저매각가격이 그대로 유지된다는 차이가 있다.

3) 일괄매각과 분할매각

'일괄매각'과 '분할매각'도 부동산 경매 과정에서 종종 마주치는 용어다. 마찬가지로 부동산 경매 종류 가운데 하나라고 할 수 있다.

먼저 일괄매각이다. 이해하기 쉽게 예를 들어 설명해 보자. [그림 1-1]의 조건을 갖춘 단독주택이 경매로 나왔다고 하자. 부속 창고, 정원, 연못 등을 개별로 경매 진행하는 방법과 모두 함께 묶어서

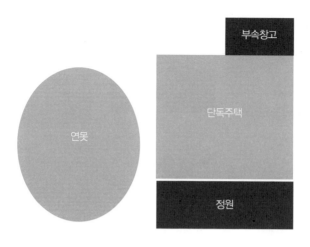

[그림 1-1] 일괄매각이 필요한 사례

경매 진행하는 방법 중 어떤 것이 채무자와 채권자에게 유리할까? 두말할 필요도 없이 함께 묶어서, 즉 일괄로 경매를 진행하는 방법이 훨씬 경제적이고 효과적이다. 이처럼 모든 요소를 함께 묶어 진행하는 경매를 가리켜 일괄매각이라고 한다. 경매 대상이 된 여러 부동산의 위치, 형태, 이용 관계 등을 고려해 하나로 묶어 매각해야 보다 높은 가격을 받을 수 있다고 판단되거나, 따로 분리해 매각하면 상당한 가치 하락이 예상되면 법원은 직권 혹은 이해관계인의 신청에 의해 일괄매각을 하도록 결정하는 것이다.

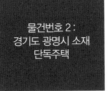

물건번호 1:
경기도 과천시
문원동 소재
토지

물건번호 2:
경기도 광명시 소재
단독주택

물건번호 3:
경기도 고양시
소재 창고

물건번호 4:
서울특별시 강남구
역삼동 소재 상가

[그림 1-2] 분할매각이 필요한 사례

　분할매각도 쉽게 이해하기 위해 예를 들어 살펴보자. [그림 1-2]처럼 4개 부동산 위에 공동으로 저당권이 설정된 채무자가 채무 변제를 제때 하지 못해 4개 모두 경매에 부쳐진 사례를 보자. 공동으로 담보가 설정되어 있다는 점을 제외한다면 이용 상황이나 위치, 형태 등을 감안할 때 분할해서 매각하는 방법이 보다 높은 경제적 가치가 있을 것이라고 한눈에 알 수 있다.

　채무자가 채권자에게 여러 개의 부동산을 담보로 제공한 후 채무 변제를 하지 못하면 담보 목적물 모두를 대상으로 경매가 진행된다. 이처럼 각각의 물건마다 사건번호 외에 물건번호를 부여하여 개별적으로 입찰을 받는 경매를 가리켜 분할매각이라고 한다. 한편 공동 담보물의 경매는 분할매각이 원칙이라는 점을 기억해 두자.

부동산 경매에
관심을 가져야 하는 이유

언제나 끊임없이 부동산 경매가 주목받는 이유는 지극히 간단하다. 부동산 투자에 있어 성공을 담보하는 가중 중요한 출발점은 바로 가능한 저렴한 가격에 부동산을 구입하는 것이다. 이를 위한 가장 효율적인 방법이 부동산 경매이다.

'경매를 통해 매입한 부동산은 왠지 찜찜하다', '남이 망해서 나간 부동산을 굳이 내가 매입해야 할 이유가 있나?' 부동산 경매를 터부시하고 무시하는 전형적인 생각들이다. 재미있는 사실은 아직도 이런 생각을 하는 사람들이 많다는 것이다. 남이 망했다고 나까지 망하라는 법이 어디 있는가. '괜히 다른 사람이 망해 나간 부동

[표 1-3] 연도별 부동산 경매물건 처리 건수

연도	2015년	2016년	2017년	2018년	2019년
처리 건수	104,064	93,285	83,541	86,039	92,238

* 처리 건수 : 낙찰에 따라 사건이 최종적으로 정리된 건수

산을 샀다가 나까지 망하는 길로 들어서지는 않을까' 하는 쓸데없는 걱정을 하는 사람들이 존재하는 한 부동산 경매를 통한 재테크는 그들만을 위한 리그로 남을 것이다.

2015년부터 2019년 12월말까지 대한민국에서 경매를 통해 매각된 부동산이 무려 45만 9,167건에 달하고 있다. 이처럼 엄청나게 많은 부동산이 경매를 통해 매각되고 있는데도 아직 경매를 남의 나라 얘기 정도로만 치부하려는 사람들이 대부분이다. 그렇다면 45만 9,167건에 달하는 엄청난 양의 부동산 경매물건은 누가 낙찰을 받은 것일까?

다양하다. 본인이 거주하거나 사용하기 위해 낙찰받은 사람도 있고, 투자 목적으로 낙찰받은 사람도 있으며, 신혼부부가 낙찰받거나 은퇴를 앞두고 있는 베이비부머 세대들이 낙찰받기도 했다. 다양한 사람들이 다양한 목적으로 부동산 경매물건을 낙찰받은 것이다.

부동산 경매는 부동산 경기가 좋든 나쁘든 관계없이 늘 꾸준한

모습을 보인다. 물론 최근 몇 년처럼 부동산 경기가 좋거나 좋을 것으로 예상되면 부동산 경매시장이 보다 활기를 띄기는 하지만, 과거 부동산 시장 침체기에서도 부동산 경매시장이 추락하는 경우는 사실상 없다고 보아도 무방하다.

부동산 시장이 침체기인 경우를 보자. 부동산 시장이 침체기라면 그 여파로 거래 가격도 하락하게 된다. 당연히 경매에 부친 감정평가액도 하락한다. 감정평가액을 기준으로 유찰이 발생하면 응찰가액이 낮아진다는 점을 감안할 때 최종 경매 낙찰가도 하락한다. 부동산 경매가 부동산 시장 침체기에 시세에 비해 크게 낮은 가격으로 부동산을 구입할 수 있는 기회를 제공하는 이유가 바로 여기에 있다.

다음으로 부동산 시장이 활황기인 경우를 보자. 침체기에 비해 많은 사람들이 경매로 부동산을 낙찰받으려 할 것이다. 경쟁률도 높아져 낙찰가격이 상승하는 현상이 발생한다. 얼핏 보면 낙찰가격이 높아진 만큼 큰 이익을 창출하기 어려워 보인다. 과연 그럴까? 그렇지 않다. 부동산 시장이 활황기라면 낙찰받은 이후에도 부동산 가격이 지속적으로 상승하리라 예상할 수 있다. 낙찰 기준이 되는 감정평가액은 과거 시세가 반영되어 저평가된 상태다. 즉, 감정평가액이 낙찰받은 이후 예상되는 거래 가격에 비해 저렴하게 산정된 것이다. 따라서 낙찰받은 이후 충분히 시세 차익을 남길 가능성이 있다.

1. 첫 번째 이유 : 저렴하다!

부동산 경매의 가장 큰 매력으로는 시가 대비 저렴한 가격에 부동산을 구입할 수 있다는 점이 첫손에 꼽힌다. 부동산 경매를 통해 엄청난 투자 수익을 창출한 사람들이 한결같이 강조하는 부분이기도 하다. [그림 1-3]은 2019년 1월 ~ 12월까지의 용도별 매각율과 매각가율을 그림으로 나타낸 것이다.

'매각율과 매각가율' 그림에서 특히 주목해야 하는 부분이 있다. 바로 매각가율이다. 매각가율은 매각가를 감정가격으로 나눈 후 100을 곱해서 산출된 수치이다. 다시 말해 감정가의 몇 퍼센트 수준에서 낙찰이 이루어졌는지를 보여주는 수치인 것이다.

대법원의 '법원경매정보' 사이트의 통계 자료에 따르면 아파

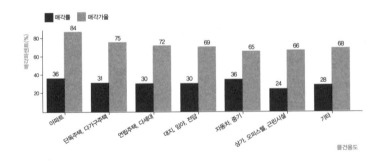

[그림 1-3] 매각률과 매각가율

트 84%, 단독주택과 다가구주택은 75%, 연립주택과 다세대주택은 72% 수준에서 매각가율이 형성되었음을 알 수 있다. 상가와 오피스텔 및 근린시설의 매각가율은 64%에 그치고 있으며, 대지와 임야 및 전답은 69%에 그쳤다.

부동산 시장이 2019년 큰 폭의 강세장을 형성했음에도 불구하고 낙찰가율은 여전히 매력적인 수준이라는 사실을 알 수 있다. 감정가격과 시세와의 괴리 현상이 크지 않다는 점을 감안한다면, 경매야말로 부동산을 저렴하게 구입할 수 있는 훌륭한 수단임을 잘 보여주는 데이터라고 하겠다.

2. 두 번째 이유 : 확실한 소유권 확보!

권리분석이라는 과정을 꼼꼼하게 거치기만 한다면 부동산 경매를 통해 확보한 소유권은 가장 안전한 소유권이라고 할 수 있다. 원칙적으로 부동산 경매를 통해 취득한 부동산의 법적 성질은 원시취득이기 때문이다. 원시취득이란 종전의 권리와 전혀 관계없이 새롭게 취득하는 것으로, 가장 안전한 소유권 취득 방법이다. 물론 경매로 부동산을 구입하더라도 대항력 있는 임차인이나 소멸되지 않는 권리가 존재하면 어쩔 수 없이 그 임차권이나 권리를 인수해야 하는 경우도 발생하지만, 어디까지나 권리분석을 잘못하는 바람에 생기는 상황이다.

부동산 경매는 채권자의 경매신청에 따라 개시되고, 누군가에 의해 낙찰이 이루어지면 법원은 따로 정하는 날까지 매수보증금을 제외한 잔금을 납부하도록 요구한다. 보통 해당 부동산을 낙찰받은 사람은 특별한 사정이나 문제가 없는 이상 법원에서 정한 잔금 납부일 내에 잔금을 납부하고 법원에 소유권이전등기 촉탁신청을 한다.

낙찰자의 소유권이전등기 촉탁신청을 받은 법원은 낙찰자에게 소유권이전등기를 해주면서 원칙적으로 등기사항전부증명서에 기재되어 있던 모든 권리들을 말소해 준다. 이런 점에서 부동산 경매의 취득을 원시취득이라고 하는 것이다. 권리분석에 문제만 없다면 법원에서 등기사항전부증명서에 기입되어 있던 모든 권리들을 깨끗하게 말소하고 낙찰자에게 소유권이전등기를 해주므로 이보다 확실하게 소유권을 확보하는 방법은 없다.

부동산 경매
절차 엿보기

　부동산 경매를 대하는 사람들의 자세는 두 가지로 대별된다. 하나는 "제아무리 경매라고 해도 어려워 봐야 얼마나 어렵겠어?"라고 너무 쉽게 본다. 다른 하나는 "경매는 너무 어려워. 경매도 법원에서 하는 일인데, 법이라고 하면 왠지 어렵고 낯설어"라며 너무 어렵게 본다.

　부동산 경매는 주먹구구가 아니라 철저히 법과 법에서 정한 절차에 따라 진행되기에 투명하고 공정하다. 부동산 경매 절차가 어떻게 구성되어 있는지 살펴봄으로써 부동산 경매를 너무 어렵게 보거나 너무 쉽게 보는 우를 사전에 예방할 수 있으며, 부동산 경매에 대한 이해도 넓힐 수 있다.

1. 기일입찰의 진행 과정

기일입찰이란 정해진 매각기일에 경매법정으로 가서 입찰표와 입찰 서류 등을 제출하는 방식으로 진행하는 경매 방식이다. 처음 경매에 참가하면 가슴이 두근두근 뛰면서 그동안 배웠던 경매 지식이 좀처럼 떠오르지 않아 난처한 경험을 하곤 한다. 이러한 상황을 예방하기 위해서는 먼저 입찰 당일에 어떤 절차를 거쳐 경매가 진행되는지를 알아 두어야 한다.

먼저 [표 1-4]를 보자. 기일입찰 당일에 법정에 도착해서 모든 절차가 마무리되는 전 과정이다. [표 1-4]를 익힌 다음에는 각 단계에서 주의해야 할 사항들을 종합적으로 점검해 보자. '뭐 이런 것까지 해야 하나?'라고 생각할지도 모르지만, 의외로 경매법정에서는 아주 단순한 실수로 낭패를 보는 사람이 많다. 아무리 강조해도 지나치지 않은 부분인 만큼 꼼꼼하게 잘 살펴보자.

[표 1-4] 기일입찰의 진행 절차

경매법정 도착	취하, 변경 사항 확인을 위한 매각물건 목록 확인(경매법정 게시판)

↓

주요 사항 고지 (집행관)	매각공고 물건 중 변동 사항, 입찰 방법, 입찰 시 주의 사항, 그 밖의 진행 사항을 집행관이 고지

↓

매각(입찰) 개시 선언 (집행관)	

↓

입찰 서류 열람	매각물건명세서, 현황조사보고서, 감정평가서

↓

입찰표 교부, 수령	입찰표, 매수보증금 봉투, 입찰 대봉투

↓

입찰표 등 작성	입찰표 작성(꼭 기재대에서 작성하지 않아도 됨)

↓

입찰표 제출 준비	보증금을 보증금 봉투에 넣어 봉인하고, 이를 다시 입찰 대봉투에 넣고 기재한 후 봉인

↓

봉투 일련번호 및 수수취증 날인 수령	입찰 대봉투를 입찰함에 넣기 전에 집행관으로부터 봉투의 일련번호를 받고, 수 취증의 절취선에 날인을 받아 집행관이 분리해 주면 보관

↓

입찰 대봉투 투입 (투찰함)	

↓

입찰 마감	

↓

개찰	통상 입찰 마감 후 10~15분 정도 소요

↓

최고가매수신고인 선정 절차	집행관이 사건번호 순으로 각각의 사건번호에 입찰한 입찰자와 입찰 금액을 말함

↓

최고가매수신고인 선정	최고 가격을 써낸 사람을 최고가매수신고인으로 결정

↓

입찰 종결, 보증금 반환	최고가매수신고인에게 보증금 영수증 교부, 입찰에 떨어진 자를 대상으로 매수보증금 반환

2. 본인의 매수 신청 자격을 확인

부동산 경매 입찰에 참가하기 위해서는 권리능력과 행위능력이 필요하다. 행위 무능력자인 미성년자, 한정치산자, 금치산자는 법정 대리인에 의해서만 부동산 경매 절차에 참가할 수 있다. 통상 경매 실무에서는 법정 대리인 여부를 가족관계증명서를 통해 확인하고 있다.

행위 무능력자와는 별도로 법원은 부동산 경매 과정에서 매수 신청 자체를 할 수 없는 자를 규정하고 있다. 규정을 잘 숙지해 둘 필요가 있다.

한편 일부 경매물건을 취득하기 위해 행정관청의 증명 내지는 허가가 필요할 때가 있다. 농지취득자격증명이 대표적이다. 그런 증

[표 1-5] 법원 경매에서 매수신청이 불가능한 사람

· 강제경매 절차에서의 채무자
· 강제경매 절차에서 채무자의 상속인
  (상속인이 한정승인 내지는 상속 포기를 한 경우는 매수 신청 가능)
· 매각 절차에 관여한 집행관
· 매각 부동산을 평가한 감정인(감정평가법인이 감정인인 때에는 그 감정평가법인 또는 소속 감정평가사)
· 집행법원의 법관 및 참여 사무관
· 경매계장
· 재매각 절차에서 전의 매수인
· 집행관이 매각 장소의 질서 유지를 위하여 매수 신청을 금지한 자

명이나 허가는 매각허가결정이 선고될 때(매각결정기일)까지 제출해야 한다는 점도 명심해 두자.

3. 경매법정 도착 전과 도착 직후

경매에 참가하기 위해서는 우선 매각기일(기간입찰에서는 입찰기간 개시일) 1주일 전에 사건별, 기일별로 구분하여 각급 법원의 민사집행과나 민사신청과 등 따로 지정되어 열람하는 곳에 비치되어 있는 매각물건명세서, 현황조사보고서, 감정평가서를 열람하여야 한다. 권리분석을 위한 중요한 서류인 만큼 꼼꼼하게 열람한다. 경매당일에도 열람할 시간이 주어지긴 하지만, 현장 확인이 필요한 경

[표 1-6] 입찰 준비물

본인 입찰	• 신분증(주민등록증, 운전면허증, 여권), 도장 • 입찰 보증금(신경매 시 최저매각가격의 10%). 단 2002. 7. 1 이전 사건은 희망 입찰 가격의 10%
대리 입찰	• 임의 대리인 : 위임장, 입찰자 본인의 인감증명서, 대리인의 신분증과 도장, 입찰 보증금 • 법정 대리인 : 법정 대리인의 신분증과 도장, 법정 대리인을 증명하는 서류(가족관계증명서 등), 입찰 보증금
공동 입찰	본인 또는 대리 입찰에 필요한 서류, 공동입찰신고서(입찰표에 지분을 명확히 기재), 공동입찰자 목록, 입찰 보증금
법인 입찰	법인 등기부등본, 법인 인감증명서, 법인 인감도장, 대표이사 신분증, 입찰 보증금

우도 있으니 가급적 매각기일 전에 열람하도록 한다.

경매법정에 가기 전에는 입찰 준비물을 잘 챙겼는지 반드시 점검해야 한다. 본인이 직접 입찰하는지, 대리인 자격으로 입찰하는지, 법인 자격으로 입찰하는지 등에 따라 준비해야 하는 서류들이 다르므로 잘 숙지해 두어야 헛걸음하지 않는다.

경매법정에 도착하면 게시된 매각물건 목록을 확인해야 한다. 매각공고에는 경매에 들어갈 사건으로 분명히 기재되어 있어도 막상 경매 당일에 도착해 보면 빠져 있는 경우가 있다. 경매 직전에 경매신청취하나 채권자의 매각기일연기 신청 등에 의해 매각기일이 변경되기도 하고, 집행정지 서류가 제출되어 경매가 일시 정지되어 진행되지 않는 사례가 종종 발생하기 때문이다. 미리 확인하지 않으면 시간만 허비하다 허탈하게 돌아올 수 있으니 주의해야 한다.

4. 공동 명의로 입찰하고 싶다면?

입찰하고자 하는 경매물건이 고가이거나 자금 부담이 있으면, 위험은 낮추고 수익은 분할하는 공동 투자가 요즘 보편화되고 있는 추세이다. 공동입찰을 하려면 반드시 숙지해야 할 사항들이 있다.

첫째, 지분 관계를 입찰표에 정확하게 명시해야 한다. 만일 지분

관계를 표시하지 않는다면 평등 비율로 취득하는 것으로 취급한다.

둘째, 아무리 공동입찰이라고 하더라도 자기 지분만큼의 대금

공 동 입 찰 신 고 서

법원 집행관 귀하

사 건 번 호	20 타경 호
물 건 번 호	
공동입찰자	별지 목록과 같음

위 사건에 관하여 공동입찰을 신고합니다.

20 년 월 일

신청인 외 인(별지 목록 기재와 같음)

1. 공동입찰을 하는 때에는 입찰표에 각자의 지분을 분명하게 표시하여야 합니다.

2. 별지 공동입찰자 목록과 사이에 공동입찰자 전원이 간인하십시오.

공 동 입 찰 자 목 록

번호	성 명	주소		지분
		주민등록번호	전화번호	

만 납부해서는 안 된다. 전체 매수 대금이 납부되어야 재매각을 피한다는 점에 주의해야 한다. A와 B가 공동으로 50%씩 투자해서 낙찰받았다고 해서 A만 50% 납부하고 B는 납부하지 않는다면 A 역시 재매각(재경매)을 피할 수 없다.

셋째, 공동입찰자 전원이 참석하지 못하는 경우 참석한 사람은 반드시 참석하지 못한 사람의 위임장과 인감도장, 인감증명서를 지참하여 입찰에 참가해야 한다.

5. 매각 개시 선언에서 입찰표 작성까지

시간이 촉박하여 경매법정에 게시된 매각물건 목록을 미리 보지 못했다고 가정하자. 이때는 어떻게 해야 좋을까? 그때는 집행관이 고지하는 매각물건 중 변동 사항, 입찰 방법, 입찰 시 주의 사항, 그 밖의 진행 사항 등에 평소보다 세심하게 귀 기울이는 것이 좋다. 그래야 예상외의 낭패를 예방하게 된다. 예를 들어 농지취득자격증명이 필요한지, 아니면 재경매여서 매수보증금이 20~30%인지 같은 특별매각조건의 여부를 점검한다.

매각기일 전에 매각물건명세서, 현황조사보고서, 감정평가서 등을 열람하지 못했다면 개시 선언 후에 주어지는 열람 시간을 활용

[표 1-8] 기일입찰표 양식

(앞면)

기 간 입 찰 표

지방법원   집행관   귀하   매각(개찰)기일 :   년   월   일

사건번호		타 경 호		물건번호	※ 물건번호가 여러 개 있는 경우에는 꼭 기재

입찰자	본인	성 명			전화번호	
		주민(사업자)등록번호		법인등록번호		
		주 소				
	대리인	성 명			본인과의 관계	
		주민(사업자)등록번호		전화번호	–	
		주 소				

입찰가격	천억	백억	십억	천만	백만	십만	만	천	백	십	일	원	보증금액	백억	십억	억	천만	백만	십만	만	천	백	십	일	원

보증의 제공방법	☐ 입금증명서 ☐ 보증서	보증을 반환 받았습니다. 입찰자

주의사항.

1. 입찰표는 물건마다 별도의 용지를 사용하십시오. 다만, 일괄입찰시에는 1매의 용지를 사용하십시오.
2. 한 사건에서 입찰물건이 여러개 있고 그 물건들이 개별적으로 입찰에 부쳐진 경우에는 사건번호외에 물건번호를 기재하십시오.
3. 입찰자가 법인인 경우에는 본인의 성명란에 법인의 명칭과 대표자의 지위 및 성명을, 주민등록란에는 입찰자가 개인인 경우에는 주민등록번호를, 법인인 경우에는 사업자등록번호를 기재하고, 대표자의 자격을 증명하는 서면(법인의 등기사항증명서)을 제출하여야 합니다.
4. 주소는 주민등록상의 주소를, 법인은 등기부상의 본점소재지를 기재하시고, 신분확인상 필요하오니 주민등록증을 꼭 지참하십시오.
5. **입찰가격은 수정할 수 없으므로, 수정을 요하는 때에는 새 용지를 사용**하십시오.
6. 대리인이 입찰하는 때에는 입찰자란에 본인과 대리인의 인적사항 및 본인과의 관계 등을 모두 기재하는 외에 본인의 위임장(입찰표 뒷면을 사용)과 인감증명을 제출하십시오.
7. 위임장, 인감증명 및 자격증명서는 이 입찰표에 첨부하십시오.
8. 일단 제출된 입찰표는 취소, 변경이나 교환이 불가능합니다.
9. 공동으로 입찰하는 경우에는 공동입찰신고서를 입찰표와 함께 제출하되, 입찰표의 본인란에는 "별첨 공동입찰자목록 기재와 같음"이라고 기재한 다음, 입찰표와 공동입찰신고서 사이에는 공동입찰자 전원이 간인 하십시오.
10. 입찰자 본인 또는 대리인 누구나 보증을 반환 받을 수 있습니다.
11.보증의 제공방법(현금·자기앞수표 또는 보증서)중 하나를 선택하여 √표를 기재하십시오.

한다. 이미 열람하였다고 하더라도 실수를 예방하기 위해 다시 한

번 열람하는 것이 바람직하다.

입찰표 작성은 본질적인 의미에서 경매 참가의 시작이라고 할 수 있는 만큼 반드시 숙지해 두어야 한다. 입찰표의 앞면에는 경매 물건과 입찰자, 입찰가격 등과 같은 사항을 기재하면 되고, 뒷면에는 위임장이 있다.

첫 번째로 사건번호와 물건번호를 기재하여야 한다. 사건번호는 매수하고자 하는 부동산을 특정해 주는 의미가 있어 정확하게 기재하여야 한다. 물건번호는 사건번호만으로 어떤 부동산을 매수하고자 하는지 확인할 수 없을 때 기재한다. 하나의 사건에서 둘 이상의 부동산이 개별적으로 입찰에 부쳐지면 이를 구분하는 기준이 된다.

다음으로 입찰자와 관련된 사항을 기재해야 한다. 본인이 직접 입찰할 경우와 대리로 입찰할 경우에 따라 조금 달라진다. 대리 입찰이면 본인 사항 밑에 대리인에 관한 사항도 기재한다.

마지막으로 입찰가격과 보증금액에 관련된 사항을 기재해야 한다. 이때 입찰표는 물건마다 별도의 용지를 사용해야 한다(일괄매각의 경우는 제외). 보증금액의 기재란에는 최저매각가격의 10%를 기재한다. 그렇다면 최저매각가격보다 많은 금액을 보증금으로 적으면 어떻게 될까? 당연히 유효한 입찰로 인정받아 낙찰받는 데 아무런 문제가 없다. 반대로 최저매각가격보다 적은 금액을 보증금으로 적으면 유효한 입찰로 간주되지 않는다.

[표 1-9] 기간입찰표 양식

(앞면)																						
			기 간 입 찰 표																			

지방법원   집행관   귀하   매각(개찰)기일 :   년   월   일

사 건 번 호		타 경	호	물 건 번 호	※ 물건번호가 여러 개 있는 경우에는 꼭 기재		

입 찰 자	본인	성 명		전화번호	
		주민(사업자) 등록번호		법인등록 번 호	
		주 소			
	대 리 인	성 명		본인과의 관계	
		주민(사업자) 등록번호		전화번호	–
		주 소			

입찰 가격	천 억	백 억	십 억	억	천 만	백 만	십 만	만	천	백	십	일	원	보증 금액	백 억	십 억	억	천 만	백 만	십 만	만	천	백	십	일	원

보증의 제공방법	☐ 입금증명서 ☐ 보증서	보증을 반환 받았습니다. 입찰자

주의사항.

1. 입찰표는 물건마다 별도의 용지를 사용하십시오. 다만, 일괄입찰 시에는 1매의 용지를 사용하십시오.
2. 한 사건에서 입찰물건이 여러 개 있고 그 물건들이 개별적으로 입찰에 부쳐진 경우에는 사건번호 외에 물건번호를 기재하십시오.
3. 입찰자가 법인인 경우에는 본인의 성명란에 법인의 명칭과 대표자의 지위 및 성명을, 주민등록란에는 입찰자가 개인인 경우에는 주민등록번호를, 법인인 경우에는 사업자등록번호를 기재하고, 대표자의 자격을 증명하는 서면(법인의 등기사항증명서)을 제출하여야 합니다.
4. 주소는 주민등록상의 주소를, 법인은 등기기록상의 본점소재지를 기재하시고, 신분확인상 필요하오니 주민등록등본이나 법인등기사항 전부증명서를 동봉하십시오.
5. 입찰가격은 수정할 수 없으므로, 수정을 요하는 때에는 새 용지를 사용하십시오.
6. 대리인이 입찰하는 때에는 입찰자란에 본인과 대리인의 인적사항 및 본인과의 관계 등을 모두 기재하는 외에 본인의 위임장(입찰표 뒷면을 사용)과 인감증명을 제출하십시오.
7. 위임장, 인감증명 및 자격증명서는 이 입찰표에 첨부하십시오.
8. 입찰함에 투입된 후에는 입찰표의 취소, 변경이나 교환이 불가능합니다.
9. 공동으로 입찰하는 경우에는 공동입찰신고서를 입찰표와 함께 제출하되, 입찰표의 본인란에는 "별첨 공동입찰자목록 기재와 같음"이라고 기재한 다음, 입찰표와 공동입찰신고서 사이에는 공동입찰자 전원이 간인하십시오.
10. 입찰자 본인 또는 대리인 누구나 보증을 반환 받을 수 있습니다(입금증명서에 의한 보증은 예금계좌로 반환됩니다).
11. 보증의 제공방법(입금증명서 또는 보증서) 중 하나를 선택하여 √표를 기재 하십시오.

기일입찰 외에 기간입찰이 있다. 기간입찰이란 일정한 입찰기간을 정하여 그 기간 내에 입찰표를 직접 또는 등기우편으로 법원에 제출하여 낙찰한다. 우선 최저매각가격의 10%를 법원의 은행계좌에 납입하고 입금표를 입찰표에 첨부하거나, 지급보증위탁계약체결증명서를 첨부한다. 입찰기간 종료 후 별도로 정한 매각기일에 개찰을 실시하여 최고가매수신고인, 차순위매수신고인을 정하고, 매각결정기일에 매각허가결정을 한다.

6. 경매 진행 절차는 어떻게 될까?

위에서 우리는 당일 경매 진행 절차를 살펴보았다. 그럼 전체적인 경매 진행 절차는 어떻게 구성되어 있는지를 간략하게 살펴보자. 경매 진행 절차를 지나치게 자세히 알아 둘 필요까지는 없다. 개략적인 흐름만 숙지해 두면 족하다. 직접적으로 투자 수익 창출과 연결되지는 않기 때문이다.

[표 1-10] 전체적인 경매 절차

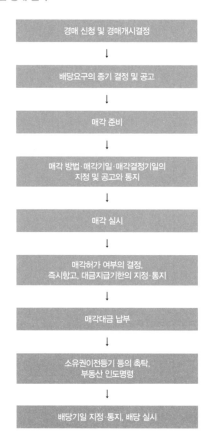

경매 신청 및 경매개시결정

↓

배당요구의 종기 결정 및 공고

↓

매각 준비

↓

매각 방법·매각기일·매각결정기일의
지정 및 공고와 통지

↓

매각 실시

↓

매각허가 여부의 결정,
즉시항고, 대금지급기한의 지정·통지

↓

매각대금 납부

↓

소유권이전등기 등의 촉탁,
부동산 인도명령

↓

배당기일 지정·통지, 배당 실시

* 매각기일부터 1주일 내 즉시항고가 없으면 매각허가결정이 확정된다. 이때 경매계에서 매각허가결정일로부터 3~4일 내에 매수인에게 매
각대금을 납부하도록 하는데, 통상 대금지급기한은 1개월 정도이다.

등기사항전부증명서
100% 이해하기

　표제부, 갑구, 을구로 구성된 등기사항전부증명서, 일명 등기부
등본을 통해 해당 부동산의 소유, 형태, 구조 및 근저당권 등 소유권
에 제한을 가하는 각종 권리들을 확인할 수 있다. 등기사항전부증명
서는 아파트, 다세대, 연립주택 같은 '집합건물 등기사항전부증명서',
'토지 등기사항전부증명서', '건물 등기사항전부증명서'로 나뉜다.

　여기서 주의할 점이 있다. 부동산 경매 입찰에 참가하기 위해 준
비해야 하는 것들은 매우 많다. 그중에서도 가장 기초적이면서 중요
한 절차가 바로 권리분석이다. 권리분석은 아무리 강조해도 지나치
지 않은 중요한 과정이다. 그처럼 중요한 권리분석을 위해 꼭 점검

해야 하는 것이 해당 부동산의 등기사항전부증명서이다. 부동산에 관한 권리의 변동(권리의 발생, 변경, 소멸 등)이 발생하면 등기사항전부증명서에 나타나기 때문이다. 그런데 우리나라 부동산 등기사항전부증명서에는 공신력이 없다. 무슨 말이냐 하면, 등기사항전부증명서에 기재된 사항을 믿고 거래를 했다고 해서 법적으로 국가가 보호해 주지는 않는다는 말이다. 그러니 등기사항전부증명서를 무조건 신뢰해서는 곤란하다. 때로는 발품이 큰 역할을 한다는 점을 명심하자.

1. 등기사항전부증명서의 구성

등기사항전부증명서는 크게 표제부(表題部), 갑구(甲區), 을구(乙區)로 구성된다. 지금부터 각 구성 항목을 실제 등기사항전부증명서를 바탕으로 살펴보도록 하자.

1) 표제부

표제부는 집으로 따지면 대문과 같은 역할을 한다. 해당 부동산의 소재지, 지목, 면적 등을 보여 준다. 아파트, 다세대, 연립주택 같은 집합건물 등기사항전부증명서의 표제부는 집합건물 한 동 전체에 대한 '1동의 건물의 표시', '대지권의 목적인 토지의 표시'와 실

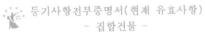

등기사항전부증명서(현재 유효사항)
- 집합건물 -

고유번호 1246-1996-816514

[집합건물] 인천광역시 미추홀구 숭의동 170-12 제2동 제207호

【 표 제 부 】 (1동의 건물의 표시)				
표시번호	접 수	소재지번,건물명칭 및 번호	건 물 내 역	등기원인 및 기타사항
3		인천광역시 미추홀구 숭의동 170-12 [도로명주소] 인천광역시 미추홀구 독배로462번길 55	철근콩크리트조 슬래브 지붕 5층 겸용식 아파트 1층 1884.33㎡ 2층 2009.49㎡ 3층 1668.20㎡ 4층 1657.74㎡ 5층 529.16㎡ 지하실 795.21㎡	2018년6월4일 행정구역명칭변경으로 인하여 2018년7월9일 등기

(대지권의 목적인 토지의 표시)				
표시번호	소 재 지 번	지 목	면 적	등기원인 및 기타사항
1 (전 1)	1. 인천광역시 남구 숭의동 170-12	대	3512.7㎡	1995년10월29일
2	1. 인천광역시 미추홀구 숭의동 170-12	대	3512.7㎡	2018년6월4일 1토지 행정구역명칭변경 2018년7월6일

【 표 제 부 】 (전유부분의 건물의 표시)				
표시번호	접 수	건 물 번 호	건 물 내 역	등기원인 및 기타사항
1 (전 1)	1979년5월23일	제2층 제207호	철근콩크리트조 82.61㎡	도면편철장 제1책제1835장

[그림 1-4] 등기사항전부증명서의 표제부

제 점유하는 부분에 대한 '전유부분의 건물의 표시', '대지권의 표시'로 구성되어 있다.

2) 갑구

갑구에는 소유권에 관련되는 사항들이 기재된다. 소유권보존(건물을 신축하고 이루어진 등기), 소유권이전(매매 등의 사유로 부동산의 소유권이 변

【 갑 구 】	(소유권에 관한 사항)			
순위번호	등 기 목 적	접 수	등 기 원 인	권리자 및 기타사항
2	소유권이전	2020년1월23일 제37435호	2019년11월1일 매매	소유자 도시부자주식회사 120111-1023465 인천광역시 미추홀구 소성로 119, 2층(학익동) 거래가액 금110,000,000원

[그림 1-5] 등기사항전부증명서의 표제부

경), 가등기, 압류, 가압류, 가처분, 환매등기, 경매 기입등기와 같이 소유권과 관련되는 사항들이다.

3) 을구

을구에는 소유권 이외의 권리들이 기재된다. 저당권, 근저당권, 전세권, 지상권, 지역권 등이 대표적으로 을구에 기재되는 권리이다.

【 을 구 】	(소유권 이외의 권리에 관한 사항)			
순위번호	등 기 목 적	접 수	등 기 원 인	권리자 및 기타사항
1	근저당권설정	2020년1월23일 제37436호	2020년1월22일 설정계약	채권최고액 금55,200,000원 채무자 도시부자주식회사 인천광역시 미추홀구 소성로 119, 2층(학익동) 근저당권자 주식회사아이비케이저축은행 230111-0182364 부산광역시 부산진구 중앙대로 735, 4,5층(부전동) (대전지점)

-- 이 하 여 백 --

관할등기소 인천지방법원 등기국

[그림 1-6] 등기사항전부증명서의 을구

2. 등기사항전부증명서에 관한 기본 지식

등기사항전부증명서를 읽기 위해서는 기본적인 법률 지식이 필요하다. 너무 겁낼 필요는 없다. 부동산 경매 입찰에 참가하기 위한 권리분석에서 빈번하게 접하게 되는 저당권, 근저당권, 지상권, (가)압류 등 중요한 내용들만 집중적으로 살펴보면 크게 어렵지 않다.

1) 물권과 채권

물권이란 '특정 부동산을 직접적으로 지배함으로써 얻게 되는 배타적 권리'를 의미한다. 채권이란 '채권자가 채무자에게 약속한 특정 행위를 청구할 수 있는 권리'이다. 배타적이라는 표현에서 알 수 있듯이 등기사항전부증명서에 먼저 설정된 물권이 항상 우선하게 된다. 채권은 등기사항전부증명서에 등재된 순서와 관계없이 항상 같은 순위, 즉 '동순위'라는 차이점이 있다.

그렇다면 물권과 채권 사이의 순위는 어떻게 정해질까? 의외로 간단하다. 위의 등기사항전부증명서를 보면 '순위번호' 항목과 '접수' 항목을 볼 수 있다. 순위번호는 말 그대로 먼저 실린 순서이고, 접수 항목에 나와 있는 번호는 접수번호를 의미한다. 이 순위번호와 접수번호를 기준으로 물권과 채권 사이의 우선순위를 결정한다. 같은 구인 갑구와 갑구 사이의 우선순위는 순위번호를 기준으로 따

지고, 다른 구인 갑구와 을구 사이의 우선순위는 접수번호를 기준
으로 따지는 것이다.

2) 물권의 종류

물권은 크게 소유권(所有權), 점유권(占有權)과 용익물권(用益物
權)인 지상권(地上權)·지역권(地役權)·전세권(傳貰權), 담보물권(擔保
物權)인 유치권(留置權)·질권(質權)·저당권(抵當權)으로 구분하며, 그
내용은 다음과 같다.

[표 1–11] 물권의 종류

물권	소유권	법률의 범위 내에서 그 소유물을 사용, 수익, 처분할 수 있는 권리
	점유권	소유권과는 별개로 물건을 사실상 지배하는 권리
	용익물권	지상권 : 타인의 토지에서 건물, 기타 공작물이나 수목을 소유하기 위하여 그 토지를 사용하는 권리
		지역권 : 일정한 목적을 위하여 타인의 토지를 자기 토지의 편익에 이용하는 권리
		전세권 : 전세금을 지급하고 타인의 부동산을 점유하여 그 부동산의 용도에 맞게 사용·수익하며, 그 부동산 전부에 대하여 후순위 권리자, 기타 채권자보다 전세금의 우선변제를 받을 권리
	담보물권	저당권 : 채무자 또는 제3자가 점유를 이전하지 아니하고 채무의 담보로 제공한 부동산에 대하여 다른 채권자보다 자기 채권의 우선변제를 받을 권리
		질권 : 채권자가 채무자의 채무를 담보하기 위하여 채무자 혹은 제3자(물상보증인)로부터 인수한 물건을 채무를 변제할 때까지 유치하여 채무 변제를 간접적으로 강제하는 한편, 채무자가 채무를 변제하지 않을 경우 유치하고 있는 물건을 현금화(환가)하여 우선적으로 변제받을 수 있는 물권
		유치권 : 타인의 물건이나 유가증권을 점유한 자가 그 물건 또는 유가증권에 관하여 생긴 채권을 변제받을 때까지 그 물건 또는 유가증권을 유치할 권리

용익물권은 사용 및 수익을 목적으로 사용가치를 지배하는 권리이다. 민법상 용익물권으로는 지상권, 지역권, 전세권 등의 세 가지가 있다.

담보물권이란 채권의 담보를 위하여 교환가치의 지배를 목적으로 하는 제한물권을 의미한다. 민법상 담보물권으로는 유치권, 저당권, 질권이 있다. 그중 유치권은 일정한 요건을 갖추면 민법의 규정에 따라 당연히 성립하는 법정 담보물권이며, 저당권과 질권은 원칙적으로 당사자의 설정 행위에 의하여 성립하는 약정 담보물권이다.

3. 그 외에 알아 두면 좋은 지식

1) 가등기

가등기란 본등기에 대비하여 미리 그 순위를 보존하는 효력을 가지는 등기로, 예비등기의 하나이다. 종국등기를 할 만한 실체법적 또는 절차법적 요건을 구비하지 못하거나, 권리의 설정·이전·변경·소멸의 청구권을 보전하려고 할 때와 그 청구권이 시한부, 조건부이거나 장래에 확정될 것인 때에 한다. 가등기의 효력은 다음과 같다.

첫째, 그 자체로는 완전한 등기로서의 효력은 없으나, 후에 요건을 갖추어 본등기를 하면 그 본등기의 순위가 가등기의 순위로 소급된다. 결국 가등기를 한 시점을 기준으로 본등기의 순위가 확정되는 본등기 순위 보전의 효력이 생긴다.

둘째, 본등기 이전에 가등기가 불법하게 말소되면 가등기 명의인은 그 회복을 청구할 수 있다. 가등기 자체의 효력, 즉 청구권 보전의 효력이 있는 것이다.

가등기는 다시 '소유권이전청구권보전가등기'와 '담보가등기'로 구분된다. 부동산 경매에서 문제가 되는 가등기는 '소유권이전청구권보전가등기'라는 점만 일단 기억해 두자.

2) 가압류

금전 채권이 향후 강제집행이 불가능해지거나 회수가 곤란하게 될 경우에 대비해 미리 채무자의 재산을 압류하여 현상(現狀)을 보전하고 그 변경을 금지하여 장래의 강제집행을 보전하는 절차를 말한다.

3) 압류

확정판결, 기타 채무 명의에 의해 강제집행을 하기 위한 보전 수단이다. 보통 채권자 등의 신청을 받은 국가 기관이 강제로 채무자의 재산 처분이나 권리 행사 등을 못 하도록 제한하는 것을 가리킨다.

4) 가처분

가처분은 민사집행법상 강제집행을 보전하기 위한 가압류와 함께 규정되어 있는 제도이다. 금전 채권을 제외한 채권의 집행보전을 위해 이용된다. 특정물 채권의 집행보전을 위한 가처분, 다툼이 있는 권리관계에 관하여 임시의 지위를 정하는 가처분, 두 가지로 나뉜다.

5) 예고등기

등기원인의 무효나 취소를 이유로 등기사항전부증명서에 등기된 사실에 대한 말소 또는 회복의 소송이 제기되는 경우가 있다. 이때 제3자에게 경고하여 피해를 방지하기 위한 목적으로 법원의 촉탁에 따라 그러한 소송이 제기되었다는 것을 등기사항전부증명서에 기재하는 등기를 말한다. 만약 권리분석 과정에서 예고등기가 발견되었다면 무조건 피하는 것이 상책이다. 예고등기는 많은 사람들의 악용으로 인하여 2011년 10월 13일 이후 폐지되었다.

부동산 경매를 위한
공부서류 뜯어보기

부동산 경매에 참가하기 위해 반드시 검토해야 할 서류들이 있다. 이를 가리켜 공부서류라고 한다. 가급적이면 부동산 경매와 직접적으로 관련된 서류뿐만 아니라 낙찰받고자 하는 부동산과 관련된 기초적 서류까지 종합적으로 검토하는 습관을 갖도록 한다. 처음 습관을 잘못 들이면(단순히 경매 정보지 정도만 살펴보고 입찰에 참가하는 행위 등) 결정적인 순간에 큰 낭패를 경험하게 된다.

확실하고 안전하게 경매로 부동산을 구입하기 원한다면 가능한 많은 공부서류들을 최대한 효과적으로 검토하는 것이 매우 중요하다. 지금부터 공부서류는 무엇을 말하고, 어떤 내용이 담겨 있는 서류인지를 살펴보자. 우선 법원 경매와 직접적으로 연결되는 서류는 아니지만 입찰 참가를 위해 가장 기본적으로 확인해야 할 공부서류부터 알아본다.

1. 부동산 관련 기초적 공부서류

보통 토지대장, 건축물대장, 토지이용계획확인원 등을 가리켜 기초적 부동산 공부서류라고 지칭하곤 한다. 권리분석과 다소 거리가 있어 소홀히 대할 수 있으나 절대로 가볍게 여겨서는 안 되는 중요한 공부서류들인 만큼 간략히 살펴보고 넘어가도록 하자.

1) 토지대장

토지대장은 토지의 지번, 지목, 면적, 토지등급 등 기본적인 사항들을 점검해 볼 수 있는 공부서류이다. 따라서 낙찰받고자 하는 물건이 토지인 경우 매우 중요한 공부서류라고 할 수 있다. 예를 들어 등기사항전부증명서와 토지대장 사이에 면적의 불일치 등 표시와 관련된 사항에 차이가 있다면 토지대장이 기준이 된다. 입찰 참가에 앞서 반드시 점검해야 하는 공부서류가 바로 토지대장이다.

토지대장에서는 소재지, 지번, 지목, 면적, 개별공시지가, 토지

고유번호	2817710100-10170-0012				토지 대장		도면번호	21	발급번호	20008/9177-00114-2025
토지소재	인천광역시 미추홀구 숭의동						장번 호	1-1	처리시각	12시 04분 24초
지 번	170-12		축 척	1 : 600			비 고		발 급 자	인터넷민원

토 지 표 시			소 유 자		
지 목	면 적(㎡)	사 유	변 동 일 자	주 소	
			변 동 원 인	성명 또는 명칭	등 록 번 호
(08) 대	•3012 ?•	(90) 1995년 01월 01일 인천직할시 남구에서 활장구역명칭변경	1995년 10월 29일 (21)대지권설정		
(08) 대	•3012 ?•	(90) 2016년 07월 01일 남구에서 활장구역명칭변경	--- 이하 여백 ---		
		--- 이하 여백 ---			

| 등 급 수 정
연 월 일 | 1985. 07. 01 | 1986. 08. 01 | 1987. 04. 15 | 1990. 01. 01 | 1991. 01. 01 | 1992. 01. 01 | 1993. 01. 01 | 1994. 01. 01 |
	수정	수정	수정	수정	수정	수정	수정	수정
토 지 등 급 (기준수확량등급)	201	202	205	207	212	216	220	222
개별공시지가기준일	2013년 01월 01일	2014년 01월 01일	2015년 01월 01일	2016년 01월 01일	2017년 01월 01일	2018년 01월 01일	2019년 01월 01일	용도지역 등
개별공시지가(원/㎡)	1180000	1208000	1195000	1195000	1233000	1290000	1386000	

토지대장에 의하여 작성한 등본입니다.
2000년 2월 16일

인천광역시 미추홀구청장

[그림 1-7] 토지대장

등급 등을 꼼꼼하게 살펴보자. 혹시 등기사항전부증명서와 차이가 있다면 큰일이니까.

2) 건축물관리대장

건축물관리대장(일반건축물대장)으로는 건물의 면적, 구조, 용도, 연면적, 건폐율, 용적률, 건축연도 등을 확인할 수 있다. 등기부등본과 비교함으로써 미등기 건물의 존재 여부를 파악하는 것도 매우 중요한 포인트이다.

건축물관리대장으로 건축면적과 연면적, 건폐율, 용적률을 확

[그림 1-8] 건축물관리대장

인하고 주구조 등 건물에 관한 사항과 건축물 현황인 각 층별 구조와 용도를 점검해야 한다. 경매로 구입하고자 하는 건물을 답사할 때는 실제 사용용도와 건축물관리대장상의 용도 사이에 불일치되는 부분은 없는지를 확인한다. 종종 낙찰받은 건물에 위반 건축물이 있어서 원상 복구를 해야 하는 사례가 발생한다는 점을 감안해 꼼꼼하게 살펴보아야 한다.

건축물대장과 함께 건축물 현황도 역시 낙찰받고자 하는 건물의 서류상 현황을 이해하는 데 큰 도움이 된다. 다만, 건축물 현황도는 소유자나 소유자의 동의를 받은 경우 발급받을 수 있다. 더불어 건축물 현황도의 등재 관리는 지난 1992년 6월부터 전국적으로 통일된 양식

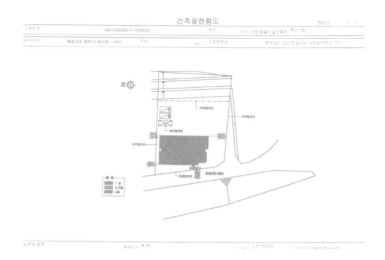

[그림 1-9] 건축물 현황도 예시

으로 작성 관리되고 있다. 따라서 1992년 6월 이전 준공된 건축물의 경우 건축물현황도가 없는 경우가 대부분이라는 점은 기억해 두자!

3) 토지이용계획확인원

토지이용계획확인원은 토지에 대한 주민등록증이라고 할 만하다. 토지에 대한 도시계획의 결정 사항, 도시계획구역 내의 행위의 허가제한 등을 확인할 수 있기 때문이다. 다시 설명하자면, 토지이용계획확인원은 우리가 자주 접하는 '국토의 계획 및 이용에 관한 법률'상의 용도지역·용도지구·용도구역, 농지법에 따란 농지, '개발제한구역의 지정 및 관리에 관한 특별조치법'에 따른 이용 제한이나 토지거래 규제 여부 등을 알려 준다.

요즘은 인터넷이나 모바일을 통해 토지이용계획확인원을 손쉽게 열람할 수 있다. 토지이용규제정보서비스(luris.molit.go.kr)에 접속해 무료로 토지이용계획확인원을 열람하면 된다. 뿐만 아니라 해당 토지에 적용되는 행위 규제와 관련된 사항까지 확인할 수 있다. 그야말로 일석이조가 아닐 수 없다. 스마트폰으로 토지이용규제정

[그림 1-10] 토지이용계획확인원 애플리케이션 열람

보서비스 앱을 다운로드받아 실행해도 공법상 토지규제 내용들을 간단하고 빠르게 실시간으로 확인이 가능하다. 입찰 참가에 앞서 인터넷이나 스마트폰으로 해당 토지와 관련된 규제사항들을 꼭 챙겨보는 습관을 들이도록 하자.

2. 경매와 직접 연결되는 공부서류

부동산 경매와 직접 연결되는 공부서류로는 매각물건명세서, 현황조사보고서, 감정평가서가 있다. 권리분석을 위해 매우 중요한 서류들이고, 경매와 직접적으로 연결되는 공부서류여서 반드시 점검해야 한다는 특징이 있다. 지금부터 하나씩 순서대로 살펴보자. 먼저 매각물건명세서에 대해 알아본다.

1) 매각물건명세서

법원은 부동산의 표시, 부동산의 점유자와 점유의 권원, 점유 가능한 기간, 차임 또는 보증금에 관한 관계인의 진술, 등기된 부동산에 관한 권리, 낙찰에 의하여 그 효력이 소멸되지 아니하는 가처분, 낙찰에 의하여 설정된 것으로 보게 되는 지상권의 개요 등을 기재한 명세서를 작성한다. 명세서 사본은 경매기일 1주일 전부터 법

[표 1-12] 매각물건명세서

사건	20**타경0000 부동산임의경매	매각물건번호	1	작성일자	20**. 8. 6	담임법관 (사법보좌관)	000
부동산 및 감정평가액 최저매각가격의 표시	별지기재와 같음			최선순위 설정		20**. *. *(근저당권)	

부동산의 점유자와 점유의 권원, 점유할 수 있는 기간, 차임 또는 보증금에 관한 관계인의 진술 및 임차인이 있는 경우 배당요구 여부와 그 일자, 전입신고일자 또는 사업자등록신청일자와 확정일자의 유무와 그 일자

점유자 성명	점유 부분	정보출처 구분	점유의 권원	임대차기간 (점유기간)	보증금	차임	전입신고일자 사업자등록 신청일자	확정 일자	배당요구 여부 (배당요구 일자)
000	미상	현황조사	주거 임차인	미상	미상	미상	2005. 10. 2	미상	
000	전부	권리신고	주거 임차인	2015.1. 5〜	1억	미상	2015. 1. 5	2015. 1. 5	2018. 11. 11

〈비고〉

※ 최선순위 설정일자보다 대항요건을 먼저 갖춘 주택, 상가건물 임차인의 임차보증금은 매수인에게 인수되는 경우가 발생할 수 있고, 대항력과 우선변제권이 있는 주택, 상가건물 임차인이 배당요구를 하였으나 보증금 전액에 관하여 배당을 받지 아니한 경우에는 배당받지 못한 잔액이 매수인에게 인수됨을 주의하시기 바랍니다.

※ 등기된 부동산에 관하나 권리 또는 가처분으로 매각허가에 의하여 그 효력이 소멸되지 아니하는 것

해당사항 없음

※ 매각허가에 의하여 설정된 것으로 보는 지상권의 개요

해당사항 없음

※ 비고란

△△△으로부터 20**. 8월 24일 금 9천만 원의 유치권 신고가 있으나 그 성립여부는 불분명함

주1 : 경매, 매각목적물에서 제외되는 미등기건물 등이 있을 경우에는 그 취지를 명확히 기재한다.
2 : 매각으로 소멸되는 가등기담보권, 가압류, 전세권의 등기일자가 최선순위 저당권등기일자보다 빠른 경우에는 그 등기일자를 기재한다.

원에 비치하여 일반인이 열람하도록 한다. 그 명세서를 매각물건명세서라고 한다. 매각물건명세서는 보통 2장으로 구성되며, 간혹 기재할 내용이 많으면 3장으로 구성되기도 한다. 법원경매정보 사이트에서도 열람이 가능하다.

[표 1-13] 매각물건명세서 별지

부동산의 표시	
	20**타경 0000

[물건 1]

1. 서울 강동구 OO동 000-1
   대 155㎡
   매각지분 경매할 지분 155㎡ OOO 소유 전체

2. 서울 강동구 OO동 000-1
   위 지상 주택
   시멘트블록조 시멘트 기와지붕
   단층주택 블록조 스레트지붕
   단층변소 18㎡
   제시 외 2-1 보일러실 블록조 스레트지붕 단층 3.5㎡
        2-2 창고 벽돌조 슬래브지붕 단층 6.2㎡

감정평가액		840,000,000
회 차	기 일	최저매각가격
1회	2019. 2. 4	840,000,000
2회	2019. 3. 20	672,000,000
3회	2019. 4. 24	537,600,000
4회	2019. 5. 31	430,080,000

일괄매각, 제시 외 건물 포함

– 대금지급기일(기한)이후 지연이자율 : 연2할

– 임대차 : 물건명세서와 같음

매각물건명세서에는 매각 대상의 사건번호, 등기부상 최선순위 권리, 점유자와 임차인에 관한 사항, 법정지상권 등에 관한 사항 등 경매 참가 시 반드시 알아 두어야 할 내용들이 기록되어 있다. 매각물건명세서 별지에는 매각 대상 부동산의 표시, 감정평가액, 회차, 기일, 최저매각가격, 일괄매각, 제시 외 건물 포함 취지, 특별매각조건 등이 기재되는 만큼 입찰 전에 자세한 분석이 반드시 선행되어야 한다.

2) 현황조사보고서

법원은 경매개시결정을 한 후 지체 없이 집행관에게 부동산의 현상, 점유 관계, 차임 또는 임대차 보증금의 금액, 기타 현황에 관하여 조사할 것을 명한다. 집행관이 그 조사 내용을 집행법원에 보고하기 위하여 작성한 문서를 가리켜 현황조사보고서라고 한다. 현황조사보고서도 매각물건명세서와 마찬가지로 사본을 매각기일 일주일 전부터 민사집행과(민사신청과)에 비치하고 있어 누구나 열람이 가능하다. 경매물건을 낙찰받을 때마다 꼭 확인하는 습관을 갖도록 하자.

현황조사보고서를 통해 세심하게 살펴보아야 할 부분은 점유자와 관련된 항목이다. 다음의 세 단계를 거쳐 분석하면 된다. 첫째, 점유하고 있는 점유자가 임차인인지, 아니면 소유자인지 여부. 둘째, 임차인이라면 등기부상 말소기준권리보다 우선하는지 여부. 셋째, 말소기준권리보다 먼저 점유와 전입이 되어 있다면 확정일자까지 말소기준권리보다 우선하는 임차인인지 여부. 이상의 절차를 단계적으로 검토해 보는 것이다.

한 가지 주의할 것은 법원의 명령에 따라 작성되는 현황조사서

[표 1-14] 현황조사보고서

부 동 산 현 황 조 사 보 고 서

서울동부지방법원 사법보좌관 000 귀하

20**타경 0000 부동산 경매사건에 관하여 다음과 같이 부동산의 현황을 조사·보고합니다.

1. 부동산의 표시 : 별지참조

2. 조사의 일시 : 2019년 2월 2일 14시 50분

               2019년 2월 9일 13시 10분

3. 조사의 장소 : 부동산 소재지 현장

4. 조사의 방법 : 현장방문조사

5. 야간·공휴일에 실시한 경우, 그 사유

첨부 : 1. 부동산의 현황 및 점유관계 조사서

      2. 임대차관계 조사서

2019. 2. 10

집행관 0 0 0 (인)

(수수료 :   원)

부 동 산 표 시 목 록

번호	지번	용도/구조/면적
1	서울특별시 강동구 00동 000-2 103호	1동의 건물의 표시 서울 강동구 00동 000-2 철근콘크리트조 슬래브지붕 10층 아파트 전유부문의 건물의 표시 건물의 번호 : 제1동 제1층 103호 구　조 : 철근콘크리트조 면　적 : 79.20㎡ 대지권의 표시 토지의 표시 : 서울 강동구 00동 000-2 대 1100.6㎡ 대지권의 종류 : 소유권 대지권의 비율 : 1100.6분의 50.00㎡

부동산 임의경매

부동산의 현황 및 점유관계 조사서

1. 부동산의 점유관계

소재지	1. 서울특별시 강동구 00동 000-2, 103호
점유관계	채무자(소유자) 점유
기타	2회 방문하였으나 폐문부재이고 방문취지 및 연락처를 남겼으나 연락이 없어 주민등록 전입된 세대를 보고함.

임 대 차 관 계 조 사 서

1. 임차 목적물의 용도 및 임대차 계약 등의 내용

[소재지] 서울특별시 강동구 00동 000-2, 103호

	점유인	000	당사자구분	소유자
	점유부분	미상	용도	주거
1	점유기간	미상		
	보증(전세)금		차임	
	전입일자	2015. 2. 9	확정일자	

를 전적으로 신뢰하지 말고 참고 사항 정도로만 여겨야 한다는 점이다. 무슨 말이냐 하면 현황조사서상 임차인, 보증금 등 점유와 관련된 사항은 임차인이 주민등록등본과 임대차계약서 사본을 통해 권리신고와 배당요구를 해야만 비로소 법적인 구속력을 갖게 되기 때문이다. 임차인이 있음에도 불구하고 권리신고와 배당요구를 하지 않았다면 법원의 현황조사서를 통해 임대차 관련 사항을 확인했더라도 신중을 기해야 한다.

3) 감정평가서

집행법원은 감정평가사가 매각 대상 부동산을 평가하여 책정한 평가액을 참작하여 최저매각가격을 결정한다. 감정평가서는 감정평가사가 작성하여 보고한 서류를 말한다. 감정평가서에는 감정평가의 근거와 구조, 위치, 시설, 노후화 정도, 환경 요인, 대중교통 등에 대한 개략적 사항이 기재되어 있다. 지적도, 위치도, 사진까지 첨부되어 있어 매각 대상 부동산을 파악하는 데 있어 매우 유용한 서류이다. 겉표지, 감정평가표, 평가의견, 감정평가명세표, 감정평가요항표, 위치도, 내부구조도(건물인 경우), 사진용지로 구성된다.

우선 감정평가서를 통해 감정평가가 어느 부분까지 행해졌는지를 점검해야 한다. 예를 들어 주택이 경매로 나왔는데 창고나 옥탑 같은 부속건물들이 있다면, 과연 낙찰을 통한 해당 부속건물의 소유권 취득 여부를 어떻게 알 수 있을까? 답은 간단하다. 부속건물에 대한 감정평가가 이루어져 있다면 낙찰을 통해 소유권을 확보할 수 있고, 반대로 감정평가에서 제외되었다면 낙찰을 통해 소유권을 확보할 수 없다고 보면 된다.

또한 대지권이 미등기인 경우 감정평가 대상 여부를 통해 완전한 소유권의 확보 여부를 파악할 수 있다. 토지별도등기 등의 유무도 감정평가서에 관련 사항을 기재하도록 되어 있다. 한마디로 감정평가서는 입찰 대상 부동산에 대한 매우 유용한 정보의 원천이

(구분건물)감정평가표

이 감정평가서는 감정평가에 관한 법규를 준수하고 감정평가이론에 따라 성실하고 공정하게 작성하였기에 서명날인합니다.

감 정 평 가 사
최 ○ ○   (인)

감정평가액	이억삼백만원정(₩203,000,000.~)		
의 뢰 인	수원지방법원 평택지원 사법보좌관 ○방원조	감정평가목적	법원경매
채 무 자		제 출 처	수원지방법원 평택지원 경매2계
소 유 자 (대상업체명)	조○인 김○구 (2019타경3484)	기 준 가 치	시장가치
		감정평가 조 건	
목 록 표시근거	귀 제시목록	기 준 시 점	2019.05.03
		조 사 기 간	2019.05.03 ~ 2019.05.03
		작 성 일	2019.05.05

	공부(소동)(의뢰)		사 정		감 정 평 가 액	
	종 류	면적(㎡) 또는 수량	종 류	면적(㎡) 또는 수량	단 가	금 액
감정평가내용	구분건물	1개호	구분건물	1개호		203,000,000
		이	하	여	백	
	합 계					₩203,000,000

감정평가액의 산출근거 및 감정의견

' 별   지   참   조 '

[표 1-15] 감정평가표

다. 지금부터 감정평가서의 주요 항목들을 살펴보자.

감정평가표는 본격적인 감정평가서의 시작 부분이다. 평가가액과 가격시점이 있는데, 특히 가격시점을 주의해서 보아야 한다.

60

[표 1-16] 산출근거 및 결정의견

산출근거 및 결정의견에서는 평가목적과 평가방법, 건축물의 건축물대장 등재여부 등과 같은 경매 참가 시 주의해야 할 기타사항을 확인할 수 있다.

구분건물 감정평가명세표

일련 번호	소재지	지 번	지 목 및 용 도	용도지역 및 구 조	면 적 (㎡)		감정평가액	비 고
					공 부	사 정		
1	(1동의 건물의	표시)						
	경기도 평택시	22-27,	소예측	철근콘크리트구조				
	고덕면 당현리	22-32	다세대주택	(철근)콘크리트지붕				
	(도로명 주소	오정라동	(6세대)	4층				
	경기도 평택시	주소	소예측	지1층	360.93			
	고덕면 고현북	105동	다세대주택	2-4층	184.41			
	로 155-12)		(2주택)					
	(전유부분의	건물의	표시)					
				2층 101호	83.3	83.3	208,000,000	비주거액
				철근콘크리트구조				
	(대지권의 목적	인 토지의	표시)					
	토지의 표시							
	1.경기도 평택	22-32	다	585				
	고덕면 당현리							
	소유권의 종류	1.소유권			58.84			
	대지권의 비율	1				58.84		
					585			
						토지 : 건물	배분내역	
						토 지 :	60,900,000	
						건 물 :	142,100,000	
	합 계						₩208,000,000.-	
				이	하	여	백	

[표 1-17] 구분건물 감정평가명세표

감정평가명세표에는 소재지, 지번, 지목 및 용도, 용도지역 및
구조, 면적과 감정평가액 등을 기재한다.

구분건물 감정평가요항표

[표 1-18] 구분건물 감정평가요항표

감정평가요항표에는 위치 및 주위환경, 교통상황, 건물의 구조, 이용상태, 설비내역, 토지의 형상 및 이용상태, 인접 도로상태, 토지 이용계획 및 제한상태, 공부와의 차이, 임대 관계 등의 기타 참고사항을 기재한다. 경매 대상 부동산이 건물이면 감정평가서에 내부구조도가 포함되니 참고하면 된다.

건 물 개 황 도

[그림 1-11] 내부구조도

부동산 경매
정보 찾기

　　인터넷과 스마트폰이 모든 일상생활에까지 밀접하게 연결되어 있는 지금은 부동산 경매 정보를 아주 손쉽게 접하게 된 지 오래이다. 경매로 부동산을 구입하지 못하는 이유는 정보 부족이 아니라 의지와 노력 부족이다. 게으른 자는 결코 부자가 될 수 없다는 말은 동서고금을 막론하고 불변의 진리가 아니던가!

1. 무료가 좋다! : 대법원 법원경매정보

대법원 법원경매정보(www.courtauction.go.kr) 사이트를 방문하면 전국의 모든 부동산 경매 정보를 아주 손쉽게 찾아볼 수 있다. 물론 비용은 전혀 들지 않는다. 부동산 경매에 관심을 갖고 있다면 자주 사이트에 접속해서 경매물건을 검색해 보는 습관을 가지도록 한다. 간략하게 활용 방법을 설명하겠다.

초기 화면에 접속한 후 '경매물건'을 클릭하자. 다음과 같은 창이 보일 것이다.

[그림 1-12] 대법원 법원경매정보 초기 화면

[그림 1-13] 경매물건 클릭 창

화면의 메뉴 가운데 '물건상세검색' 항목을 클릭하자. 그러면 아래 그림과 같은 창이 나타날 것이다. 이제 창에다 검색하고자 하는 법원을 입력한 후(사건번호로 찾고 싶다면 바로 밑에 사건번호를 기재하고 검색을 클릭) 검색을 클릭하면 된다.

[그림 1-14] 물건상세검색 창

　　만일 유찰횟수나 최저매각가격을 지정하고 싶다면 해당되는 내
용을 입력하고 검색을 클릭하면 원하는 결과를 얻는다. 여기서는 위
내용 그대로 서울중앙지방법원의 경매물건을 살펴보겠다.

▸ 검색조건 법원 : 서울중앙지방법원 | 매각기일 : 2020.02.17 ~ 2020.03.02 【총 물건수 : 69건】

	사건번호▲	물건번호 용도	소재지 및 내역	비고	감정평가액▲ 최저매각가격▲ (단위:원)	담당계 매각기일▲ (입찰기간) 진행상태▲
☐	서울중앙지방법원 2018타경4032	1 상가 오피스텔 근린시설	서울특별시 중구 장충단로 247, 7층에 프707호 (을지로6가, 굿모닝시티쇼핑 몰) 🏠 [집합건물 철근철근콘크리트구조 35 5㎡]		43,000,000 5,771,000 (13%)	경매21계 2020.02.18 유찰 9회
☐	서울중앙지방법원 2018타경6335	1 상가	서울특별시 관악구 신림로25길 16, 1 층상가1086호 (신림동,실신트루빌) [집합건물 철근콘크리트조 8.79㎡]	매수신청 보증액은 최저매각가격의 2 0%	77,000,000 39,424,000 (51%)	경매1계 2020.02.25 유찰 3회
☐	서울중앙지방법원 2018타경7161	1 상가	서울특별시 중구 마장로 30 3층 340 호 (신당동,팀204) 🏠 [집합건물 철근철근콘크리트조 4 16 ㎡]		110,000,000 48,066,000 (40%)	경매1계 2020.02.25 유찰 4회
☐	서울중앙지방법원 2018타경7239	1 임야	서울특별시 강남구 일원동 산63-1 [토지 임야 68435㎡]		5,474,640,000 1,435,144,000 (26%)	경매6계 2020.02.26 유찰 6회

[그림 1-15] 물건상세검색 클릭 후 창

위 그림은 특별한 조건을 지정하지 않고 서울중앙지방법원의 경매물건을 검색한 결과이다. 그중 사건번호 가운데 ○ 표시한 곳을 클릭하여 좀 더 자세하게 살펴보자.

[그림 1-16] 상세검색 정보 - 1

감정평가액과 최저매각가격, 물건종류와 입찰방법 등 기본적인 사항들이 나온다. 매각물건명세서, 현황조사서, 감정평가서도 실시간으로 확인할 수 있고, 전자지도로 위치를 파악하거나, 토지이용계획확인원, 등기부등본 역시 인터넷으로 열람 신청이 가능하도록 되어 있다. 이 밖에도 인근 지역의 매각 통계도 제공하고 있어 낙찰가격을 산정하는 데 큰 도움을 받을 수 있다.

기일	기일종류	기일장소	최저매각가격	기일결과
2019.03.26 (10:00)	매각기일	경매법정(4별관 211호)	43,000,000원	유찰
2019.04.23 (10:00)	매각기일	경매법정(4별관 211호)	34,400,000원	유찰
2019.06.11 (10:00)	매각기일	경매법정(4별관 211호)	27,520,000원	유찰

▮ 목록내역

목록번호	목록구분	상세내역
		1동의 건물의 표시 서울특별시 중구 을지로6가 18-21 서울특별시 중구 을지로6가 18-220 서울특별시 중구 을지로6가 18-221 굿모닝시티쇼핑몰 [도로명 주소] 서울특별시 중구 장충단로 247 철골철근콘크리트구조 (철근)콘크리트지붕 16층 판매시설, 문화 및 집회시설 근린생활 시설, 업무시설

▮ 인근매각물건사례

기간	매각건수	평균감정가	평균매각가	매각가율	평균유찰횟수
3개월	5건	463,892,360원	607,398,000원	0%	8.2회
6개월	12건	242,788,483원	266,981,250원	0%	8.1회
12개월	29건	394,281,441원	218,212,575원	0%	6.9회

[그림 1-17] 상세검색 정보 - 2

마지막으로 대법원 법원경매정보 사이트는 이용자의 편의를 위해 '나의경매'라는 항목을 마련해 두고 있다.

[그림 1-18] 나의 경매 창

평소 '나의경매'에서 '관심물건'과 '나의설정'을 활용하면 소재지, 용도, 최저매각가격에 따라 경매 대상 부동산에 대한 다양한 정보를 손쉽게 확보하여 편리하게 입찰에 응할 수 있다는 장점이 있다.

2. 무료가 아니어도 편하게 정보를 얻고 싶다!

무료가 아니어도 손쉽게 부동산 경매 정보를 얻고 싶은 사람도 많다. 그런 사람들은 유료 경매 정보 사이트를 이용하면 된다. 현재 가장 대표적인 부동산 경매 정보 사이트로는 부동산태인(www.taein.

co.kr)과 지지옥션(www.ggi.co.kr)을 들 수 있다. 어디가 더 나은 곳
인가는 각자의 성향에 따라 달라질 뿐 본질적으로 큰 차이는 없다.
어떤 사이트를 활용할지 고민하기보다는 어떤 사이트가 내게 편리
하게 느껴지느냐를 기준으로 선택하면 된다.

1) 부동산 태인

부동산태인의 초기 화면 일부이다. 경매 정보 제공 사이트의 특
성을 잘 보여 주고 있다. 경매와 관련된 모든 내용들이 이해하기 쉽
도록 잘 배치되어 있고, 회원을 대상으로 다양한 서비스를 제공한다.

[그림 1-19] 부동산 태인 홈페이지

2) 지지옥션

지지옥션의 초기 화면 일부이다. 지지옥션도 부동산태인과 마찬가지로 다양한 경매 관련 정보들을 손쉽게 찾도록 되어 있다. 어떤 사이트가 보다 친숙하게 느껴지는가? 아마도 취향에 따라 보다 친밀하고 자세하게 정보를 제공한다는 느낌을 받는 사이트가 있을 것이다. 그 사이트를 선택하면 된다.

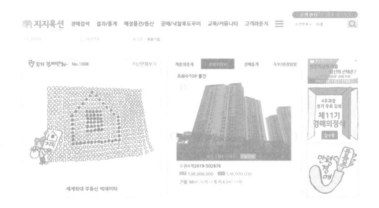

[그림 1-20] 지지옥션 홈페이지 화면

Step 1
총정리

1. 입찰 당일의 부동산 경매 절차

[표 1-19] 기일입찰의 진행 절차

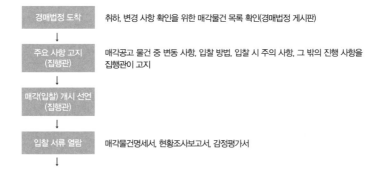

경매법정 도착	취하, 변경 사항 확인을 위한 매각물건 목록 확인(경매법정 게시판)
↓	
주요 사항 고지 (집행관)	매각공고 물건 중 변동 사항, 입찰 방법, 입찰 시 주의 사항, 그 밖의 진행 사항을 집행관이 고지
↓	
매각(입찰) 개시 선언 (집행관)	
↓	
입찰 서류 열람	매각물건명세서, 현황조사보고서, 감정평가서
↓	

입찰표 교부, 수령	입찰표, 매수보증금 봉투, 입찰 대봉투
↓	
입찰표 등 작성	입찰표 작성(꼭 기재대에서 작성하지 않아도 됨)
↓	
입찰표 제출 준비	보증금을 보증금 봉투에 넣어 봉인하고, 이를 다시 입찰 대봉투에 넣고 기재한 후 봉인
↓	
봉투 일련번호 및 수취증 날인 수령	입찰 대봉투를 입찰함에 넣기 전에 집행관으로부터 봉투의 일련번호를 받고, 수취증의 절취선에 날인을 받아 집행관이 분리해 주면 보관
↓	
입찰 대봉투 투입 (투찰함)	
↓	
입찰 마감	
↓	
개찰	통상 입찰 마감 후 10~15분 정도 소요
↓	
최고가매수신고인 선정 절차	집행관이 사건번호 순으로 각각의 사건번호에 입찰한 입찰자와 입찰 금액을 말함
↓	
최고가매수신고인 선정	최고 가격을 써낸 사람을 최고가매수신고인으로 결정
↓	
입찰 종결, 보증금 반환	최고가매수신고인에게 보증금 영수증 교부, 입찰에 떨어진 자를 대상으로 매수보증금 반환

2. 입찰 시 준비해야 할 서류

[표 1-20] 입찰 준비물

본인 입찰	· 신분증(주민등록증, 운전면허증, 여권), 도장 · 입찰 보증금(신경매 시 최저매각가격의 10%). 단 2002. 7. 1 이전 사건은 희망 입찰 가격의 10%
대리 입찰	· 임의 대리인 : 위임장, 입찰자 본인의 인감증명서, 대리인의 신분증과 도장, 입찰 보증금 · 법정 대리인 : 법정 대리인의 신분증과 도장, 법정 대리인을 증명하는 서류(가족관계증명서 등), 입찰 보증금
공동 입찰	본인 또는 대리 입찰에 필요한 서류, 공동입찰신고서(입찰표에 지분을 명확히 기재), 공동입찰자 목록, 입찰 보증금
법인 입찰	법인 등기부등본, 법인 인감증명서, 법인 인감도장, 대표이사 신분증, 입찰 보증금

3. 등기사항전부증명서 분석을 위한 지식

1) 물권과 채권

물권이란 '특정 부동산을 직접적으로 지배함으로써 얻게 되는 배타적 권리'를 의미하며, 채권이란 '채권자가 채무자에게 약속한 특정 행위를 청구할 수 있는 권리'를 의미한다. 물권은 등기사항전부증명서상 먼저 설정된 물권이 항상 우선한다. 채권은 등기사항전부증명서에 등재된 순서와 관계없이 항상 같은 순위이다. 이런 특성 때문에 배당 과정에서 금액을 똑같이 나누는 안분배당이 발생한다.

그렇다면 물권과 채권 사이의 순위는 어떻게 정해질까? 의외로 간단하다. 등기사항전부증명서에는 '순위번호' 항목과 '접수' 항목이 있다. 순위번호는 말 그대로 먼저 실린 순서이고, 접수 항목에 나와 있는 번호는 접수번호를 의미한다. 이 순위번호와 접수번호를 기준으로 물권과 채권 사이의 우선순위를 결정한다. 같은 구인 갑구와 갑구 사이의 우선순위는 순위번호를 기준으로 따지고, 다른 구인 갑구와 을구 사이의 우선순위는 접수번호를 기준으로 따지는 것이다.

물권은 크게 소유권과 점유권, 용익물권과 담보물권으로 구분

[표 1-21] 물권의 종류

물권	소유권	법률의 범위 내에서 그 소유물을 사용, 수익, 처분할 수 있는 권리
	점유권	소유권과는 별개로 물건을 사실상 지배하는 권리
	용익물권	지상권 : 타인의 토지에서 건물, 기타 공작물이나 수목을 소유하기 위하여 그 토지를 사용하는 권리
		지역권 : 일정한 목적을 위하여 타인의 토지를 자기 토지의 편익에 이용하는 권리
		전세권 : 전세금을 지급하고 타인의 부동산을 점유하여 그 부동산의 용도에 맞게 사용·수익하며, 그 부동산 전부에 대하여 후순위 권리자, 기타 채권자보다 전세금의 우선변제를 받을 권리
	담보물권	저당권 : 채무자 또는 제3자가 점유를 이전하지 아니하고 채무의 담보로 제공한 부동산에 대하여 다른 채권자보다 자기 채권의 우선변제를 받을 권리
		질권 : 채권자가 채무자의 채무를 담보하기 위하여 채무자 혹은 제3자(물상보증인)로부터 인수한 물건을 채무를 변제할 때까지 유치하여 채무 변제를 간접적으로 강제하는 한편, 채무자가 채무를 변제하지 않을 경우 유치하고 있는 물건을 현금화(환가)하여 우선적으로 변제받을 수 있는 물권
		유치권 : 타인의 물건이나 유가증권을 점유한 자가 그 물건 또는 유가증권에 관하여 생긴 채권을 변제받을 때까지 그 물건 또는 유가증권을 유치할 권리

된다. 용익물권은 사용 및 수익을 목적으로 사용 가치를 지배하는 권리를 의미한다. 민법상 용익물권으로는 지상권, 지역권, 전세권 등의 세 가지가 있다. 담보물권이란 채권의 담보를 위하여 교환 가치의 지배를 목적으로 하는 제한물권을 의미한다. 민법상 담보물권으로는 유치권, 저당권, 질권이 있다. 그중 유치권은 일정한 요건을 갖춘 경우 민법의 규정에 따라 당연히 성립하는 법정 담보물권이며, 저당권과 질권은 원칙적으로 당사자의 설정 행위에 의하여 성립하는 약정 담보물권이다.

2) 가등기

가등기란 본등기에 대비하여 미리 그 순위를 보존하는 효력을 가지는 등기로, 예비등기의 하나이다. 종국등기를 할 만한 실체법적 또는 절차법적 요건을 구비하지 못하거나, 권리의 설정·이전·변경·소멸의 청구권을 보전하려고 할 때와 그 청구권이 시한부, 조건부이거나 장래에 확정될 것인 때에 한다. 가등기는 다시 '소유권이전청구권보전가등기'와 '담보가등기'로 구분된다. 부동산 경매에서 문제가 되는 가등기는 말소기준권리에 앞서 성립된 '소유권이전청구권보전가등기'이다.

2) 가압류

금전 채권이 향후 강제집행이 불가능하거나 회수가 곤란하게 될 경우를 대비해 미리 채무자의 재산을 압류하여 현상을 보전하고, 그 변경을 금지하여 장래의 강제집행을 보전하는 절차를 말한다.

3) 압류

확정판결, 기타 채무 명의에 의해 강제집행을 하기 위한 보전 수단이다. 보통 채권자 등의 신청을 받은 국가 기관이 강제로 다른 사람의 재산 처분이나 권리행사 등을 못 하도록 제한하는 것을 가리킨다.

4) 가처분

가처분은 민사집행법상 강제집행을 보전하기 위한 가압류와 함께 규정되어 있는 제도이다. 금전 채권을 제외한 채권의 집행보전을 위해 이용된다. 특정물 채권의 집행보전을 위한 가처분, 다툼이 있는 권리관계에 관하여 임시의 지위를 정하는 가처분, 두 가지로 나뉜다.

5) 예고등기

등기원인의 무효나 취소를 이유로 등기사항전부증명서에 등기된 사실에 대한 말소 또는 회복의 소송이 제기되는 경우가 있다. 이 때 제3자에게 경고하여 피해를 방지하기 위한 목적으로 법원의 촉탁에 따라 그러한 소송이 제기되었다는 것을 등기사항전부증명서에 기재하는 등기를 말한다. 현재 예고등기는 폐지되었다. 하지만 낙찰받고자하는 부동산이 소송에 얽혀 있는 경우도 있는데, 이런 경우는 일단 넘어가는 것이 좋다.

Step 2

부동산 경매의 핵심,
권리분석

권리분석의
이해

    권리분석은 어찌 보면 알곡과 쭉정이를 분별하는 과정이라고 볼 수 있다. 낙찰받아도 좋은 부동산과 그렇지 않은 부동산을 구분하는 과정이 바로 권리분석이기 때문이다.

    낙찰받아도 좋은 부동산인지, 아니면 그렇지 않은 부동산인지를 판별하는 기준은 해당 부동산을 낙찰받아 처분하거나 임대했을 때 예상되는 경제적 이익의 크기가 아니다. 즉, 권리분석에 있어서 만큼은 얼마나 수익이 창출되느냐는 부차적인 문제라는 의미이다.

    그렇다면 권리분석의 관점에서 가장 바람직한 부동산은 과연 어떤 부동산일까? 어떤 제약도 없이 완전하게 소유권을 확보할 수 있는 부동산이 가장 좋다. 권리분석이란 어떠한 제약 요인도 없는 완전한 부동산을 낙찰받기 위해 거쳐야 하는 매우 중요한 과정인 것이다.

권리분석을 위해서는 '인수'와 '말소'라는 단어에 대한 개념을 먼저 이해해야 한다. 인수라는 단어의 정의는 '물건이나 권리를 건네받거나 넘겨받음'이다. 말소라는 단어의 정의는 '기록되어 있는 사실 따위를 지워서 아주 없애 버림'이다. 두 단어의 개념을 보면 경매로 부동산을 구입한다는 것에는 어떤 권리를 넘겨받는 경우와 모든 권리가 깨끗하게 지워진 부동산을 구입하는 경우가 존재함을 알 수 있다. 조금 더 폼 나게 말하면 인수주의와 말소주의이다.

어떤 부동산을 경매로 낙찰을 받았는데, 아무런 위험(제약 요인) 없이 완전한 소유권을 취득한다면 굳이 인수주의니, 말소주의니 하는 말들을 거론할 필요조차 없다. 현실에서는 경매물건을 낙찰받았을 때 완전한 소유권을 취득하느냐는 매우 중요한 이슈가 된다. 따라서 인수주의와 말소주의에 대한 개념을 확실히 이해해야 한다.

1. 인수주의

인수주의란 말소기준권리보다 앞선 등기사항전부증명서상 권리(전세권, 지상권, 지역권, 가처분, 소유권이전청구권보전가등기, 환매등기 등), 주

[표 2-1] 인수주의 예시

등기사항전부증명서상 권리	등기부 접수번호	전입/확정일자	순위
주택임차권	–	2016년 2월 26일	1
근저당권	12540(2017년 1월 5일)	–	2
가처분	17880(2018년 2월 3일)	–	3
지상권	23550(2019년 7월 1일)	–	4

택임대차보호법이나 상가임대차보호법상 소정의 요건을 갖춘 선순위 임차인, 유치권, 예고등기, 법정지상권 등이 경매를 통해 소유권이 변동되더라도 사라지지 않고 새로운 매수자에게 그대로 인수되는 것을 말한다.

[표2-1]에서는 근저당권이 말소기준권리이다. 후순위인 가처분과 지상권은 말소되지만, 선순위인 주택임차권은 낙찰자가 인수해야 한다. 말소기준권리인 근저당권보다 앞선 권리인 임차권은 경매를 통해 매각이 되더라도 말소되지 않고 새로운 매수자에게 그대로 인수된다. 이를 가리켜 인수주의라고 하는 것이다.

2. 말소주의

말소주의란 말소기준권리 이후에 성립된 권리가 낙찰에 의한 소유권이전등기로 소멸되는 것을 말한다. [표 2-1]에서는 3순위인 가처분과 4순위인 지상권이 해당된다. 말소기준권리 이후에 성립된 권리들은 낙찰로 인해 소유권이 이전될 때 모두 말소 대상이 되기 때문에 매수자는 전혀 부담이 없게 된다.

권리분석 결과 입찰에 참가하고자 하는 부동산의 권리관계가 [표 2-2]와 같다면 낙찰받는 데 있어 유일한 문제는 단 한 가지이다. '어떻게 하면 경제적인 금액에 낙찰받아서 투자 수익을 거둘 수 있을까?' 하는 문제 외에는 전혀 없다고 보면 된다.

[표 2-2] 말소주의 예시

[표 2-3] 인수주의가 적용되는 경우와 말소주의 적용되는 경우 비교

권리의 종류	인수주의가 적용되는 경우	말소주의가 적용되는 경우
지상권, 지역권, 전세권	선순위 지상권과 지역권, 전세권은 배당요구종기 시까지 배당요구하게 되면 소멸	후순위 지상권, 지역권, 전세권은 모두 말소
저당권, 근저당권, 유치권	유치권은 인수	후순위 저당권, 근저당권은 말소
임차권	선순위인 등기임차권과 확정일부 주택임차권, 상가건물임차권은 인수	후순위인 등기임차권, 확정일부 주택임차권, 상가건물임차권은 말소
가등기	선순위 소유권이전청구권 가등기는 인수	후순위 소유권이전청구권 가등기와 선순위 담보가등기는 말소
가압류, 가처분, 압류	선순위 가처분 (예외적으로 후순위 가처분이라도 인수해야 되는 경우가 있음), 전 소유자에 대한 가압류	압류, 가압류(전 소유자에 대한 가압류는 원칙적으로 제외), 후순위 가처분(일부 제외)
예고등기	예고등기는 말소기준권리보다 선순위인지 여부에 관계없이 항상 인수	예고등기는 말소기준권리보다 선순위인지 여부에 관계없이 항상 인수

　　낙찰자 입장에서 말소기준권리보다 선순위인 전 소유자에 대한 가압류는 결코 수월하지 않은 문제이다. 물론 경매 실무에서는 가압류 외에 다른 선순위 부담이 없으면, 법원 경매계에서 매수인이 인수해야 한다는 조건으로 진행하지 않는 한, 원칙적으로 매각으로 소멸시키는 쪽으로 경매를 진행한다. 즉, 전 소유자에 대한 가압류가 있다면 실무에서는 가압류권자에게도 배당을 하고 말소시킨다는 의미이다. 전 소유자에 대한 가압류가 말소되지 않고 인수

되면 매각물건명세서에 '특별매각조건'이라고 표시한다. 그렇더라도 100% 안전하다고 볼 수는 없는 만큼 가급적이면 선순위 가압류가 있는 경매물건이라면 피하는 것이 상책이다.

대항력의 이해 :
주택과 상가

경매로 부동산을 구입 시 기존 임차인에게 대항력이 있는지가 매우 중요하다. 앞서 살펴본 바와 같이 인수주의가 적용되는지, 말소주의가 적용되는지에 따라 임차인의 보증금을 부담하는 여부가 결정되기 때문이다. 권리분석 과정에서 임차인의 대항력 유무에 대한 신중한 분석이 반드시 필요하다.

1. 대항력

대항력이란 자신의 계약 기간 동안이나 보증금을 반환받을 때까지 건물을 비워 주지 않아도 되는 정당한 권리를 주장하는 힘이다. 주택임대차보호법의 주택이나 상가임대차보호법의 상가에서 특히 중요시되는 대항력이라는 개념은 임차인 보호 차원뿐만 아니라 해당 부동산을 낙찰받고자 하는 사람들에게도 매우 중요한 의미를 갖는다. 경매 매각을 통해 소유권이 이전되더라도 대항력이 있는 주택 임차인이나 상가임차인은 자신의 임대차 관계를 주장할 수 있다.

[표 2-4]는 대항력 있는 주택임차인을 보여 준다. 말소기준권리인 근저당권보다 앞서 주택임차권을 설정한 임차인에게 대항력이 있는 것이다.

주택임대차보호법과 상가건물임대차보호법은 일정한 요건을 갖춘 임차인에게만 대항력을 인정하고 있다. 주택은 '점유'와 '전입신고'를 마친 임차인을, 상가건물은 '점유'와 '사업자등록'을 마친 임

[표 2-4] 대항력 예시

차인을 가리켜 대항력을 갖춘 임차인이라고 규정한다. 재미있는 사실은 주택과 상가건물 모두 확정일자는 대항력을 판정하는 기준이 아니라는 점이다. 다시 설명하겠지만 확정일자는 배당을 받기 위한 요건이지, 대항력을 갖추기 위한 요건은 아닌 것이다.

여기서 한 가지 짚고 넘어가야 할 부분이 있다. 주택이든 상가건물이든 위의 일정한 요건을 갖췄다고 해서 모든 임차인이 낙찰자에게 대항할 수 있는 것은 아니다. 권리분석의 대원칙에 부합되는 대항력을 갖춘 임차인만이 가능하다. [표 2-4]에서 보듯이 말소기준권리보다 먼저 대항력을 갖춘 임차인이어야지만 비로소 낙찰자에게 대항할 수 있는 것이다.

2. 대항력 연습 문제

다음의 연습 문제를 통해 대항력 있는 임차인인지 여부를 판정해 보자.

＼[연습 ①]

근저당권 KB국민은행 2019년 2월 15일, 근저당권 우리은행 2019년 3월 6일,
가압류 신한은행 2019년 6월 20일, 가압류 길성자 2019년 7월 15일

임차인 박군자 전입신고 2019년 2월 25일
확정일자 2019년 2월 25일

전입신고일에 이사하여 점유 요건을 충족함. KB국민은행의 근저당권이 말소기준권리.

임차인 박군자는 대항력 있는 임차인일까?

＼[연습 ②]

근저당권 농협 2018년 8월 10일, 압류 국세청 2018년 8월 30일(당해세 아님),
근저당권 시티은행 2018년 8월 17일, 가처분 임시영 2019년 8월 29일

임차인 김강석 전입일자 2019년 8월 10일
확정일자 2019년 8월 16일

전입신고일에 이사하여 점유 요건을 충족함. 농협의 근저당권이 말소기준권리.

임차인 김강석 씨는 대항력 있는 임차인인가?

(전입신고와 근저당권 등 등기사항전부증명서에 기재되는 각종 권리들이 동일한

날짜에 성립되면 어느 쪽이 우선일까? 항상 전입신고가 뒤진다. 전입신고의 효력 발생

일은 전입신고일의 다음 날 새벽 0시이기 때문이다.)

\ [연습 ③]

근저당권 수협 2018년 8월 10일, 압류 관악구청 2018년 8월 29일

가압류 현대캐피탈 2019년 8월 8일, 가압류 강성식 2019년 8월 13일

임차인 박문갑 전입일자 2018년 8월 9일

확정일자 2019년 8월 10일

전입신고일에 이사하여 점유 요건을 충족함. 수협의 근저당권

이 말소기준권리.

임차인 박문갑 씨는 대항력 있는 임차인인가?

(확정일자는 대항력 요건이 아니다. 대항력 판별의 기준은 전입신고이다.)

\ [연습 ④]

근저당권 신한은행 2019년 5월 3일, 근저당권 축협 2019년 6월 7일

가압류 변정욱 2019년 8월 16일, 가등기 최기수 2019년 8월 8일

임차인 석호필 전입일자 2019년 5월 4일

확정일자 2019년 5월 2일

전입신고일에 이사하여 점유 요건을 충족함. 신한은행의 근저당권이 말소기준권리.

임차인 석호필 씨는 대항력 있는 임차인인가?

✏ **[연습 ⑤]**

근저당권 KB국민은행 2019년 7월 11일, 근저당권 우리은행 2019년 7월 30일, 가압류 이인호 2019년 8월 29일, 가처분 박노수 2019년 8월 30일

임차인 황당해 전입신고 없음
확정일자 2019년 7월 5일

전입신고일에 이사하여 점유 요건을 충족함. KB국민은행의 근저당권이 말소기준권리.

임차인 황당해 씨는 대항력 있는 임차인인가?

✏ **[연습 ⑥]**

근저당권 KDB산업은행 2019년 5월 10일, 근저당권 농협 2019년 6월 14일
압류 서초구청 2019년 7월 24일, 가압류 정상수 2019년 7월 31일

임차인 연성호 전입신고 2019년 5월 8일
확정일자 없음

전입신고일에 이사하여 점유 요건을 충족함. KDB산업은행의 근저당권이 말소기준권리.

임차인 연성호 씨는 대항력 있는 임차인인가?

사업자등록일에 점유 요건을 충족함. 신한은행의 근저당권이 말소기준권리.

임차인 세기건축은 대항력 있는 임차인일까?

사업자등록일에 점유 요건을 충족함. 우리은행의 근저당권이 말소기준권리.

임차인 행복한사람은 대항력 있는 임차인일까?

(점유와 사업자등록이라는 대항력을 확보한 임차인에게 확정일자가 없으면 배당 절차에 참가할 수는 없지만, 낙찰자에게 보증금의 반환을 요구할 수는 있다.)

\ [연습 ⑨]

근저당권 교보생명 2018년 10월 5일, 근저당권 시티은행 2018년 11월 9일

가압류 김정명 2018년 12월 26일, 가압류 최호진 2019년 1월 15일

임차인 고운치과 사업자등록 2018년 11월 9일

확정일자 2018년 10월 4일

사업자등록일에 점유 요건을 충족함. 교보생명의 근저당권이 말소기준권리.

임차인 고운치과는 대항력 있는 임차인일까?

〈정답〉

연습① 박군자 씨는 대항력 없는 임차인.

연습② 김강석 씨는 대항력 없는 임차인.

연습③ 박문갑 씨는 대항력 있는 임차인.

연습④ 진정해 씨는 대항력 없는 임차인.

연습⑤ 황당해 씨는 대항력 없는 임차인.

연습⑥ 연성호 씨는 대항력 있는 임차인.

연습⑦ 세기건축은 대항력 있는 임차인.

연습⑧ 행복한사람은 대항력 있는 임차인.

연습⑨ 고운치과는 대항력 없는 임차인.

권리분석의 핵심인
말소기준권리의 이해

　　말소기준권리란 경매를 통해 부동산을 구입함에 있어 등기사항전부증명서상에 기재되어 있는 모든 권리 및 임차권을 낙찰자가 인수해야 하는지, 아니면 말소되는지를 판정하는 기준이 되는 권리를 말한다. 부동산 경매를 어렵게 느끼도록 만드는 가장 큰 원인은 법에 대한 이해, 특히 권리분석에 대한 이해가 부족하기 때문이다. 권리분석을 지나치게 두려워할 필요는 없다. 말소기준권리만 잘 이해하고 있다면 권리분석의 반은 끝났다고 해도 과언이 아니다. 그만큼 말소기준권리가 중요하다.

1. 말소기준권리가 중요한 이유

말소기준권리가 중요한 이유는 경매로 부동산을 구입한다고 해서 모든 권리가 말소되지는 않기 때문이다. 어떤 권리들은 경매 이후에도 소멸되지 않고 낙찰자에게 인수되어 상당한 부담 요인이 되곤 한다. 잘못 낙찰받아 큰 손해를 보았다는 하소연을 하는 사람들의 상당수는 말소되지 않고 인수되는 권리가 있는 부동산을 낙찰받은 경우가 많다.

다시 한 번 강조하지만 경매를 통해 부동산을 구입했다고 해서 항상 완전한 소유권을 취득할 수 있을 것이라고 생각한다면 큰 오산이다. '경매로 부동산을 구입할 경우 완전한 소유권을 취득한다'라면 부동산 경매를 어렵게 느끼는 사람이 있을 턱이 없다. 그렇지 않기에 부동산 경매를 어렵게 느끼는 사람들도 많고, 과거에 비해 상당히 보편화되었다곤 해도 여전히 소수만이 경매로 부동산을 구입하는 것이다.

경매로 낙찰받은 부동산 취득의 법적 성질은 원시취득이다. 그럼에도 종종 말소되지 않은 권리가 있어서 본질적인 의미에서의 원시취득이라고 하기에는 무리가 있다. 실제 부동산 경매 실무에서는 어떤 권리는 인수해야만 하고 어떤 권리는 인수할 필요가 없는 사례가 수없이 반복되고 있다. 이처럼 소유권이전등기와 함께 말소

촉탁등기 대상이 되어 등기부등본에서 말소되느냐, 아니면 그대로 남아 새로운 매수자인 낙찰자에게 인수되어 부담 요인이 되느냐에 관한 기준이 되는 권리가 바로 말소기준권리이다.

2. 말소기준권리가 되는 권리는?

말소기준권리를 구분해야 하는 구체적 실익은 어디에 있을까? 크게 세 가지 정도로 실익을 구분할 수 있다.

첫 번째로, 등기부등본상 각종 권리들의 소멸 또는 인수의 기준이 된다. 원칙적으로 말소기준권리보다 후순위인 권리는 소멸되기 때문이다.

두 번째로, 주택임차인 또는 상가임차인의 임대보증금 인수 여부를 판정하는 기준이 된다.

세 번째로, 임차인을 대상으로 인도명령이라는 비교적 편리한 절차를 활용할 수 있는지, 명도소송이라는 복잡한 절차를 활용해야 하는지에 대한 기준이 된다. 말소기준권리보다 전입일자가 빠른 임차인이라면 명도소송을 해야 하고, 전입일자가 느린 임차인이라면 명도소송 없이 인도명령을 통해 명도받을 수 있다.

등기부상 모든 권리가 말소기준권리가 될까? 그렇지는 않다.

일정한 요건을 갖춘 특정 권리만이 말소기준권리가 될 수 있다. 이제 말소기준권리가 되는 권리를 살펴보자. 그렇게 복잡하지도 않고 많지도 않다. 최선순위 담보물권인 근저당권과 저당권, 최선순위인 가압류와 압류, 최선순위인 담보가등기, 경매개시결정등기(경매기입등기), 경매 신청을 한 최선순위 전세권(집합건물 혹은 건물 전체의 전세권인 경우) 등이 말소기준권리가 될 수 있다.

《말소기준권리가 되는 권리》

1. 최선순위 가압류
2. 최선순위 압류
3. 최선순위 근저당권
4. 최선순위 저당권
5. 최선순위 담보가등기
6. 경매 신청한 최선순위 전세권(집합건물 혹은 건물 전체의 전세권
   인 경우만 해당됨)
7. 경매개시결정등기

주택임대차보호법 제8조 ①항에 의해 소액임차인 최우선변제의 기준이 되는 권리는 담보물권이다. 말소기준권리 가운데 (근)저당권, 담보가등기, 전세권 등은 설정일자를 기준으로 소액임차인 최우선변제 대상 여부의 기준이 될 수 있지만 가압류는 소액임차인 최우선변제의 지급 기준이 될 수 없음에 유의하자.

지금까지 말소기준권리란 무엇을 의미하는지, 어떤 권리들이 말소기준권리가 되는지 살펴보았다. 사실 거의 모든 경매 서적들은 말소기준권리를 보다 폭넓고 다양하게 소개하고 있다. 말소기준권리를 이해하기 위해 말소기준권리가 되는 권리들에 대한 내용까지 너무 방대하게 제시하다 보니, 경매를 처음 배우는 사람들이 지나치게 어렵게 느낄 수밖에 없었다. 주택이나 규모가 크지 않은 수익성 부동산, 토지를 경매로 구입하면서 그렇게 심도 있는 학습이 필요할까 하는 의문이 들기도 한다. 간단하게 개념만 익히고 말소기준권리에 입각한 권리분석 연습만 충실히 해도 얼마든지 훌륭하게 권리분석을 할 수 있는데도 말이다.

말소기준권리
연습 문제

　말소기준권리를 찾는 것은 너무 쉽고 간단하다. 누구나 몇 번의 연습만 하면 어렵지 않게 찾는다. 그런 이유로 간혹 치명적 실수를 범하기도 쉽다. 방심은 금물이다. 방심을 유도하는 자만심이나 순간의 착각이 돌이킬 수 없는 경제적 손실을 끼치기도 한다. 다행히 말소기준권리 찾기는 반복적으로 연습하기만 하면 된다.

　초보 수준을 넘어 중급, 고급 수준의 경매 지식과 노하우를 축적한 이후에도 권리분석을 하는 매 순간순간마다 세밀하게 말소기준권리를 찾는 습관을 가져야 한다. 혹시나 있을지도 모를 방심이나 착각을 사전에 예방해야 한다. 지금부터 연습 문제를 풀어 보자.

문제들을 모두 풀고 나면 손쉽게 말소기준권리를 찾게 될 것이다.

[연습 ①]

다음 중 말소기준권리가 될 수 없는 것은?

㉠ 근저당권 ㉡ 저당권 ㉢ 담보가등기 ㉣ 최선순위 압류 ㉤ 유치권

[연습 ②]

다음 중 최선순위더라도 항상 말소기준권리가 되지는 않는 권리는?

㉠ 전세권 ㉡ 근저당권 ㉢ 저당권 ㉣ 담보가등기 ㉤ 압류

[연습 ③]

다음의 사례에서 인수 대상 권리는 어떤 것인지 선택하시오.

1. 주택임차인(전입 : 2014년 1월 7일, 확정일자 2014년 1월 7일)

2. 가처분(2015년 3월 3일)

3. 압류(2015년 8월 8일, ㅇㅇ세무서)

4. 전세권(2015년 11월 15일)

5. 저당권(2016년 2월 8일)

6. 상가임차인(2017년 1월 19일)

7. 임의경매신청(5번 저당권)

\ **[연습 ④]**

다음의 사례에서 말소기준권리를 찾은 후 인수 대상 권리여부를 판정하시오.

1. 가압류(전소유자의 가압류, 2017년 1월 19일)

2. 담보가등기(2017년 2월 13일)

3. 압류(2017년 9월 5일, ㅇㅇ세무서)

4. 근저당권(2017년 11월 8일)

5. 주택 전세권(2017년 12월 8일)

6. 상가임차인(2018년 2월 9일)

7. 임의경매신청(4번 근저당)

전 소유자에 대한 가압류는 말소기준권리가 될 수 없다. 인수하는 것이 원칙이다. 실제라면 전 소유자에 대한 가압류가 있는 경매물건은 일단 관심을 끄도록 하자.

\ **[연습 ⑤]**

다음의 사례에서 말소기준권리를 찾으시오.

1. 가처분(2017년 2월 20일)

2. 소유권이전청구권부가등기(2017년 3월 13일)

3. 압류(2017년 8월 5일 ㅇㅇ세무서)

4. 근저당권(2018년 10월 16일)

5. 주택 전세권(2018년 12월 18일)

6. 상가임차인(2019년 3월 11일)

7. 임의 경매신청(4번 근저당)

말소기준권리가 되는 7개의 권리 가운데 가장 빠른 순서를 고르는 것이 핵심이다. 가등기인 경우 소유권이전청구권 목적의 가등기인지, 담보 목적의 가등기인지는 배당요구를 했는가를 확인하면 된다.

최선순위 전세권이라고 해서 모두 말소기준권리가 되는 것은 아니다. 최선순위이고 집합건물 또는 건물 전체의 전세권자이면서 배당요구를 한 경우에만 말소기준권리가 된다.

＼【연습 ⑦】

말소기준권리를 찾은 후 인수 혹은 말소대상 권리를 판정하시오.

1. 전세권(2016년 2월 26일 : 다세대주택이고 경매신청을 하였음)

2. 가압류(2017년 12월 19일)

3. 근저당권(2017년 12월 20일)

4. 가등기(2018년 8월 24일)

5. 가처분(2018년 9월 7일)

6. 가압류(2019년 6월 7일)

7. 임의경매신청(1번 전세권)

가등기, 가압류, 가처분이 많아 복잡한 것처럼 보이지만 전혀 그렇지 않다.

＼【연습 ⑧】

말소기준권리를 찾은 후 인수 혹은 말소대상 권리를 판정하시오.

1. 가등기(2017년 1월 3일 : 배당요구 없음)

2. 근저당권(2017년 1월 7일)

3. 가압류(2018년 7월 16일)

4. 임차권(2018년 7월 27일)

5. 임차권(2018년 8월 8일)

6. 가처분(2019년 1월 17일)

7. 강제경매신청(3번 가압류)

배당요구가 없는 가등기는 소유권이전청구권가등기일 가능성이 높다. 말소되지 않고 인수되므로 무조건 피해야 한다.

말소기준권리보다 선순위 임차인은 원칙적으로 모두 인수 대상이지만, 배당요구를 했다면 인수 금액이 줄어든다는 점을 고려하여 입찰 가격을 써내야 한다. 대항력 있는 임차인이라 할지라도 전입신고만 있고 확정일자가 없으면 낙찰자가 보증금 전부를 인수해야 한다.

말소기준권리를 찾은 후 인수 혹은 말소 대상 권리를 판정하시오.

1. 전세권(2017년 9월 28일, 배당요구 없음, 다가구주택 3층)
2. 임차권(2018년 4월 22일, 전입신고만 있고 배당요구를 하였음, 다가구주택 1층)
3. 근저당권(2018년 6월 9일)
4. 저당권(2018년 6월 27일)
5. 가압류(2019년 1월 30일)
6. 압류(2019년 2월 6일)
7. 임의경매신청(3번 근저당권)

말소기준권리보다 선순위인 전세권이 집합건물 또는 건물 전체에 대한 전세권이 아니면 말소기준권리가 될 수 없다. 따라서 배당요구 여부가 포인트이다. 배당요구를 했다면 낙찰자가 전세보증금을 부담하지 않아도 되지만, 배당요구를 하지 않았다면 낙찰자가 전세보증금을 부담해야 한다.

[연습 ⑪]

말소기준권리를 찾은 후 인수 혹은 말소 대상 권리를 판정하시오.

1. 임차권(2017년 4월 29일 : 전입신고 및 확정일자 있으나 배당요구 없음)

2. 가처분(2018년 3월 14일)

3. 환매등기(2018년 7월 15일)

4. 가처분(2019년 6월 12일)

5. 임차권(2019년 7월 13일)

6. 가압류(2019년 9월 24일)

7. 강제경매신청(6번 가압류)

〈정답〉

연습① : 유치권

연습② : ㉠ 전세권

연습③ : 주택임차인과 가처분은 인수대상 권리가 된다.

연습④ : 말소기준권리는 담보가등기이고 인수대상 권리는 가압류이다.

연습⑤ : 말소기준권리는 압류(2017년 8월 5일 ○○세무서)이고, 가처분과 소유권이전 청구권 가등기는 인수대상 권리가 된다.

연습⑥ : 말소기준권리는 가압류2019년 6월 25일)이고 배당요구 없는 전세권은 인수대상 권리이다.

연습⑦ : 말소기준권리는 전세권이고 인수대상 권리는 예고등기이다.

연습⑧ : 말소기준권리는 근저당권이고 인수대상 권리는 가등기이다.

연습⑨ : 말소기준권리는 가압류이고, 1번 임차권은 보증금 전부를 2번 임차권은 보증금을 인수하지 않아도 될 것으로 보인다.

연습⑩ : 말소기준권리는 근저당권이고 인수대상 권리는 전세권과 임차권이다.

연습⑪ : 말소기준권리는 가압류이고 인수대상 권리는 가압류 보다 선순위인 모든 권리들이다.

경매로 소멸하는
권리

　경매로 부동산을 구입하면 원칙적으로 낙찰이 이루어지면서 등기사항전부증명서상의 모든 권리들이 깨끗하게 정리되어 낙찰자의 소유가 된다. 물론 낙찰이 이루어져도 소멸하지 않는 권리가 존재하는 경매물건도 있다. 그런 경매물건을 피하기 위해 권리분석이 필요하다. 사실 권리분석은 어떤 권리가 경매로 소멸하는 권리인지만 확실하게 이해한다면 의외로 수월해진다. 그 외의 권리들이 낙찰이 이루어져도 소멸하지 않는 권리라는 공식이 성립하기 때문이다. 경매로 소멸하는 권리라고 우습게만 보지 말고 눈을 부릅뜨고 학습하자.

1. 경매로 소멸하는 권리

부동산 경매에 따라 낙찰이 이루어지면 소멸하는 권리들이 있다. 경매를 통해 새로운 매수자(낙찰자)에게 매각(낙찰)되면 모두 말소되는 권리를 말한다. 말소촉탁의 대상이 되는 권리들이 바로 낙찰로 소멸하는 권리인 것이다. 낙찰이 이루어지면 소멸하는 권리는 크게 여섯 가지 정도로 나눈다.

첫째, 담보물권인 근저당권과 저당권이다. 근저당권과 저당권은 말소기준권리보다 선순위냐, 후순위냐와 관계없이 항상 소멸하는 권리이다. 다만 유치권은 소멸하지 않고 새로운 매수자에게 인수된다.

두 번째, 후순위 용익물권인 지상권·지역권·전세권과 역시 후순위로 등기된 임차권, 후순위 압류와 가압류는 매각으로 소멸되는 권리들이다.

세 번째, 후순위 가등기와 후순위 가처분은 매각으로 소멸된다.

네 번째, 담보가등기도 매각으로 소멸된다. 담보가등기는 저당권으로 취급되기 때문이다.

다섯 번째, 경매개시결정등기, 압류, 전 소유자에 대한 가압류가 아닌 가압류는 매각으로 소멸되는 권리이다.

여섯 번째, 말소기준권리보다 전입이 늦은 주택임차인, 상가건물임차인은 소멸되는 권리이다.

낙찰이 이루어지면 소멸하는 권리

1. 모든 근저당권 및 저당권
2. 말소기준권리보다 후순위인 전세권, 지역권, 지상권 등 용익물권
3. 말소기준권리보다 후순위인 가압류, 압류, 가처분(단 가처분은 후순
   위라도 예외적으로 매수인이 인수해야 하는 경우도 있음)
4. 말소기준권리보다 후순위로 등기된 주택임차권, 상가건물임차권 등
5. 담보가등기 및 후순위인 소유권이전청구권 가등기
6. 후순위 환매등기

다음의 [표 2-5]를 통해 쉽게 이해할 수 있다. 원칙적으로 곧이 어 살펴보게 될 말소되지 않는 몇 가지 권리를 제외하면 말소기준권 리 이후의 모든 권리들은 매각으로 소멸되는 것으로 이해하면 된다.

전세권은 이미 언급했던 것처럼 최선순위이면서 집합건물 혹 은 건물 전체에 대한 전세권이고 경매 신청을 한 경우만 말소기준 권리가 된다.

[표 2-5] 경매로 소멸하는 권리 예시

2. 경매로 소멸되는 권리에 대한 연습 문제

\ [연습 ①]

다음의 권리들이 있는 주택을 낙찰받으려고 한다. 각각의 사례에 따라 경매로 소멸하는 권리와 소멸하지 않는 권리를 판정하시오.

1. 말소기준권리는?
2. 원고가 승소했을 때 주택을 낙찰받은 사람은 어떻게 될까?
3. 원고가 패소했을 때 주택을 낙찰받은 사람은 어떻게 될까?
4. 본 물건을 경매로 낙찰받는 것이 어떨지 생각해 보자.

말소기준권리는 말소기준권리가 되는 권리 가운데 가장 **빠른** 권리를 찾으면 된다. 말소기준권리를 찾았다면 이제 원고가 승소했을 때, 패소했을 때로 나누어 생각해야 한다. 원고가 승소한다면 소유권이전이 무효가 되어 그 이후의 모든 권리 역시 무효가 된다. 낙찰자는 소유권을 박탈당한다. 만약 소유권과 관련된 소송이 있다면 물건은 무조건 피하고 보는 것이 상책이다. 원고가 패소한다면 소유권이전이 유효하게 되고, 소유권이전 이후에 발생한 권리들도 유효하게 성립한다. 따라서 보통의 권리분석 절차에 따라 권리분석을 하면 된다.

소송이 근저당과 관련된 것이고 그 근저당권이 말소기준권리
인 경우이다. 원고가 승소하면 근저당권은 무효가 되고, 가처분 이
후 권리들은 모두 말소된다. 반대로 원고가 패소해도 근저당권 이
후 모든 권리들은 낙찰로 말소된다. 별 차이가 없는 것처럼 보인다.
하지만 낙찰자는 원고가 승소할 경우를 걱정해야 한다. 낙찰을 받
은 상태에서 원고승소로 재판결과가 확정될 경우 소유권을 빼앗
겨야 하기 때문이다. 물론 낙찰자는 자신이 납부한 대금으로 배당

을 받은 채권자들을 상대로 '부당이득금 반환 청구소송'을 벌여 납부한 경락대금을 반환받을 수는 있다. 그러나 자신이 납부한 돈을 소송을 통해서 돌려받아야 하는 신세가 어찌 처량하지 않을까. 그렇기 때문에 소송이 진행중인 물건은 피하고 보는 것이 상책이다.

경매로도
소멸하지 않는 권리

경매를 어렵고 힘들게 느끼게 하는 가장 큰 원인 가운데 대표적인 것이 경매로 소멸하지 않는 권리라고 했다. 왜 그럴까?

어떤 부동산을 경매로 낙찰받았다고 가정하자. 낙찰받기에 앞서 권리분석을 하고 적당한 입찰가액을 결정하였을 것이다. 만약 입찰가액을 결정하는 과정에서 소멸하지 않는 권리까지 소멸하는 권리로 착각했다면 시세에 비해 턱없이 비싼 금액으로 부동산을 구입한 셈이다. 이때 낙찰자가 취할 만한 선택은 둘 중 하나이다. 매수보증금을 포기하는 것과 잔금을 납부한 후 시세가 낙찰가격 수준까지 상승해 주기를 기다리는 것이다. 어떤 선택을 하든 경제적 측면에서의 충격은 상당하다. 경매 부동산 입찰에 앞서 혹시라도 소멸하지 않는 권리가 있는지를 꼼꼼하게 살펴보아야 하는 이유가 여기에 있다.

1. 경매로도 소멸하지 않는 권리

경매 입찰을 위한 권리분석에서 아무리 강조해도 지나치지 않은 것이 경매로 소멸하지 않는 권리가 아닐까 싶다. 예상외의 낭패를 피하기 위해서는 매각이 이루어져도 소멸하지 않는 권리, 즉 인수해야만 하는 권리를 잘 살펴보는 것이 중요하다. 기본적으로 말소기준권리보다 선순위인 권리라면 일단 매각이 이루어져도 인수해야 한다는 생각으로 권리분석을 하자.

매각(낙찰)이 이루어져도 소멸하지 않는 권리들로는 유치권, 전소유자에 대한 가압류, 선순위 가처분, 선순위 가등기, 선순위 용익물권(지상권, 지역권, 전세권), 대항력을 갖춘 선순위 임차인, 선순위 환매등기, 법정지상권, 분묘기지권 등을 들 수 있다. 유치권, 법정지상권은 원칙적으로 항상 인수되는 권리이므로 권리분석 과정에서 각별한 주의를 기울여야만 한다.

1) 유치권

유치권이란 타인의 물건이나 유가증권을 점유한 자가 그 물건 또는 유가증권에 관하여 생긴 채권을 변제받을 때까지 그 물건 또는 유가증권을 유치할 권리를 말한다. 부동산 경매에서 유치권이 발생하는 대표적인 사례는 건축업자가 건물을 건축하고 공사 대금을 받지 못해 그 부동산을 점유한 경우이다. [표 2-6]의 경매물건은 유치권이 관련되어 있는 물건이다. 잘 분석해 보면 유치권에 대한 개략적인 이해가 될 것이다.

[표 2-6]의 해피건설은 서울특별시 강남구 대치동 소재 'OO 빌딩'에 어떤 공사를 해주고 그 대금을 받지 못해 2층을 점유하면서 유치권 신고를 한 것으로 보인다. 유치권이 성립하기 위해서는

[표 2-6] 유치권 예시

사건번호 등	물건 내역	감정평가액/ 최저경매가	임대차 현황	등기부 종합
2019타경 1257 근린 국민은행 000 ***	서울특별시 강남구 대치동 000-00, OO빌딩 대지 : 240㎡ 건물 : 436㎡ 토지감정:2,900,000,000 건물감정:1,400,000,000	4,300,000,000 2,440,000,000 유찰 2019. 7. 5	가마오리(1층) 점유 2016. 5 1억(550만 원) 해피건설(2층) 채권액으로 점유 배당 2019. 3. 2 유치권 신고	저당 2014. 9. 1/23억원 국민은행 가압 2018. 12. 29/15억 해피건설 가압 2018. 12. 30/1억원 농협(안산) 압류 2019. 1. 3 강남구 임의 2019. 1. 15 국민은행

몇 가지 조건이 충족되어야 한다. 우선 점유하고 있는 부동산으로 인해 직접적으로 발생한 채권이어야 한다. 다음으로 해당 부동산을 적법하게 점유하여야 한다(직접 점유해도 되고, 다른 사람을 통해 간접 점유를 해도 무방하다). 마지막으로 채무자와 유치권자 사이에 유치권을 배제하는 특약이 없었어야 한다.

노파심에 한마디 하자면 관심을 갖고 있는 경매물건과 관련된 정보에서 유치권이라는 단어가 보이면 무조건 피하는 것이 좋다. 시중에 나와 있는 경매 서적들 가운데 상당수가 유치권 등 특수 권리가 있는 물건을 노려보라고 조언하지만, 필자의 견해는 조금 다르다. 특수 권리가 있는 경매물건보다 수익은 다소 덜해도 확실하고 안전한 소유권을 확보할 경매물건을 노려보는 편이 보다 바람직한 투자 전략이다. 필자의 생각으로는 굳이 어려운 유치권이니, 법정지상권이니 하는 소멸되지 않는 권리들이 덕지덕지 붙어 있는 경매물건을 붙잡고 고민할 시간에 차라리 안전하고 확실한 물건을 하나라도 더 찾아보는 전략이 낫다.

2) 전 소유자에 대한 가압류

가압류는 금전 채권에 대한 집행보전을 목적으로 한다는 특징이 있어 원칙적으로 경매로 인해 소멸한다. 하지만 전 소유자에 대한 가압류는 말소되지 않고 인수되는 경우가 있어 주의를 요한다.

[표 2-7] 전 소유자에 대한 가압류

소유권보존 (000) → 가압류 → 소유권 이전 (새 소유자) → 근저당 설정 → 경매신청

다만 다른 선순위 부담이 없는 상태이고 법원이 매수인의 인수 부담으로 진행하지 않는 이상, 법원 실무나 판례의 입장은 원칙적으로 매각으로 인해 가압류는 소멸된다는 것이다.

잘 살펴보았다면 이제 잊어버리도록 하자. 전 소유자에 대한 가압류가 있는 경매물건이 많지 않을뿐더러, 굳이 전 소유자에 대한 가압류가 있는 경매물건이 아니더라도 낙찰받을 물건은 얼마든지 많다.

3) 선순위 가처분

가처분이란 금전 채권 이외의 특정의 지급을 목적으로 하는 청구권을 보전하기 위하거나, 다투고 있는 권리관계에 관하여 임시의 지위를 정함을 목적으로 하는 재판이다. 선순위 가처분은 매각으로 인해 소멸하지 않고 매수인에게 인수된다. 등기부상 말소기준권리보다 우선하는 가처분이 있다면 역시 무조건 피하는 것이 상책이다.

[표 2-8] 선순위 가처분

가처분 2017. 1. 2	→ 근저당권 2018. 3. 9 국민은행	→ 임차인 서인호 전입 19. 1. 2 확정 19. 1. 2	→ 전세권 2019. 8. 5	→ 가압류 2019. 9. 1 국민카드

[표 2-8]은 가처분이 선순위인 전형적인 경우이다. 다시 한 번 강조하지만 선순위 가처분은 피하는 것이 경매 재테크는 물론 정신 건강에도 좋다는 점을 잊어서는 안 된다.

4) 선순위 가등기

선순위 가등기라고 해서 모두 인수되는 것은 아니다. 담보가등기가 등기부상 최선순위인 경우 스스로 말소기준권리가 되어 말소되기 때문이다. 문제는 담보가등기가 아닌 소유권이전청구권가등기이다.

소유권이전청구권가등기는 본등기를 하는 데 필요한 형식적 요인이나 실질적 요건이 구비되지 않았을 때 미래의 본등기 순위를 보

[표 2-9] 선순위 가등기

소유권이전 청구권 가등기 2017. 1. 2	→ 근저당권 2018. 3. 9 국민은행	→ 임차인 최화평 전입 19. 1. 2 확정 19. 1. 2	→ 근저당권 2019. 8. 5 기업은행	→ 가압류 2019. 9. 1 농협

전하기 위하여 사전에 행해지는 가등기를 지칭한다. 가등기는 장차 행하게 될 본등기 순위보전이 목적이므로 가등기에 기한 본등기가 행해지면 가등기 이후에 등기된 등기부상 권리들은 모두 소멸되는 효과가 있다. 따라서 소유권이전청구권가등기는 말소되지 않고 매수인에게 인수된다. 결국 가등기권자가 가등기에 기해 본등기를 하게 되면 매수인은 소유권을 빼앗기게 된다. 선순위 가등기가 담보가등기라는 확신이 서지 않는 한 이러한 부동산에 입찰하는 행위는 가급적 자제해야 한다.

그렇다면 담보가등기인지, 소유권이전청구권가등기인지 구별하는 방법은 무엇일까? 가장 확실한 방법은 가등기권자가 배당요구를 했는지 점검해 보는 것이다. 배당요구를 했다면 채권을 담보하기 위한 담보가등기라고 보면 되고, 그렇지 않다면 소유권이전청구권가등기로 보면 된다.

5) 선순위인 지상권, 지역권, 전세권

선순위인 지상권, 지역권, 전세권은 매각으로 소멸되지 않고 매수인에게 인수된다. 이러한 부동산 경매물건에 입찰하고자 한다면 반드시 인수해야 할 권리에 대한 내용을 자세히 파악해야 한다.

[표 2-10] 선순위 지상권

지상권 2019. 1. 2	→	근저당권 2019. 6. 1 국민은행	→	가압류 2019. 6. 11 수협	→	임차인 박하사 전입 19. 7. 2 확정 19. 7. 2	→	가압류 2019. 8. 1 씨티은행

전세권은 비록 말소기준권리보다 선순위라고 해도 건물 전체나 집합건물에 설정된 전세권이면서 전세권자가 임의경매 신청을 한 경우에는 낙찰로 소멸된다. [표 2-11]의 예처럼 집합건물에 대한 전세권자가 최선순위이고, 그 전세권자가 경매 신청을 했다면 말소기준권리(국민은행 근저당권 09. 6. 1)보다 선순위라고 해도 매수자에게 인수되지 않고 소멸된다는 뜻이다.

[표 2-11] 소멸되는 선순위 전세권

APT 전세권 강한수 2016. 1. 2 (기간 3년)	→	근저당권 19. 6. 1 국민은행	→	가압류 19. 6. 11 수협	→	임차인 박하사 전입 19. 7. 2 확정 19. 7. 2	→	경매 신청 강한수

6) 선순위 임차인

선순위 임차인이란 말소기준권리보다 먼저 대항력을 갖춘 임차인을 말한다. 주택이라면 점유와 전입신고를 말소기준권리보다 먼저 갖춘 임차인, 상가건물이라면 점유와 사업자등록을 말소기준권리보다 먼저 갖춘 임차인이 대항력을 가진다. [표 2-12]에서 김개동과 박을녀는 대항력이 있지만, 근저당권보다 후순위인 안졸리는 대항력이 없다.

[표 2-12] 선순위 임차인

| 임차인 김개동
전입 19. 1. 2
확정 19. 1. 2 | → | 임차인 박을녀
전입 19. 1. 2
확정 19. 1. 2 | → | 근저당권
2019. 6. 1
국민은행 | → | 임차인 안졸리
전입 19. 7. 2
확정 19. 7. 2 | → | 가압류
2019. 8. 1
농협 |

7) 선순위 환매등기

환매등기란 채무자가 채권자로부터 금전을 빌리면서 채무자 소유의 부동산을 채권자에게 이전시키고 향후 채무자가 채무를 변제하게 되면 다시 소유권을 채무자에게 이전하기로 하는 등기를 말한다. 부동산 경매물건에 대한 권리분석에서 주의해야 할 점은 말소기준권리보다 선순위인 환매특약등기가 되어 있는 경우이다. 매수인이 꼼짝없이 인수해야 하기 때문에 특별한 주의를 기울여야 한다.

꼼짝없이 인수해야 한다는 것은 과연 무슨 의미일까? 만일 선순위 환매특약등기가 있는 부동산을 낙찰받아 소유권이전을 했다고 하자. 낙찰자는 소유권이전과 동시에 환매 의무자가 된다. 향후 환매권자(채무자)가 낙찰자에게 환매 대금을 지급하면 환매특약에 따라 소유권을 이전해 줘야 한다. 낙찰 금액이 환매 금액보다 많다면 낙찰자는 그 손실을 떠안는 수밖에 없다.

7

Step 2
총정리

1. 인수주의

인수주의란 말소기준권리보다 앞선 등기사항전부증명서상 권리(전세권, 지상권, 지역권, 가처분, 소유권이전청구권가등기, 환매등기), 주택임대차보호법 혹은 상가임대차보호법상 소정의 요건을 갖춘 선순위 임차인, 유치권, 법정지상권 등이 경매를 통해 소유권이 변동되더라도 사라지지 않고 새로운 매수자에게 그대로 인수되는 것을 말한다.

2. 말소주의

　말소주의란 말소기준권리 이후에 성립된 권리가 낙찰에 의한 소유권이전등기로 소멸되는 것을 말한다. 경매로 소유권이 이전될 때 모두 말소 대상이 되기 때문에 매수자가 신경 쓸 필요는 없다.

3. 대항력

　주택임대차보호법상 주택이나 상가임대차보호법상 상가에서 특히 중요시되는 대항력이란 경매 매각을 통해 소유권이 이전되더라도 주택임차인 혹은 상가임차인이 자신의 임대차 관계를 주장할 수 있는 권리를 의미한다. 주택은 점유와 전입신고, 상가건물은 점유와 사업자등록이 대항력을 확보하기 위한 요건이다.

4. 말소기준권리란?

　낙찰자에게 인수되어 부담 요인이 되는 권리에 관한 기준이 말소기준권리이다.

5. 말소기준권리가 되는 권리는?

1. 최선순위 가압류
2. 최선순위 압류
3. 최선순위 근저당권
4. 최선순위 저당권
5. 최선순위 담보가등기
6. 경매 신청한 최선순위 전세권(집합건물 혹은 건물 전체의 전세권
   인 경우만 해당됨)
7. 경매개시결정등기

6. 경매로 소멸하는 권리는?

첫째, 담보물권인 근저당권과 저당권.

둘째, 후순위 용익물권인 지상권, 지역권, 전세권과 역시 후순위

　　　로 등기된 임차권 및 후순위 압류와 가압류.

셋째, 후순위 가등기와 후순위 가처분.

넷째, 담보가등기.

다섯째, 경매개시결정등기, 압류, 전 소유자에 대한 가압류가
　　　아닌 가압류.

여섯째, 말소기준권리보다 늦은 주택임차인, 상가임차인.

7. 경매로 매각되어도 소멸하지 않는 권리들

낙찰이 이루어져도 소멸하지 않는 권리들로는 유치권, 전 소유
자에 대한 가압류, 선순위 가처분, 선순위 가등기, 선순위 용익물권
(지상권, 지역권, 전세권), 대항력을 갖춘 선순위 임차인, 선순위 환매등
기, 법정지상권, 분묘기지권 등을 들 수 있다.

Step 3

경매로
주택 구입하기

주택임대차보호법 :
적용 범위와 대항력

초보자들이 부동산 경매를 어렵게 느끼는 이유 중의 하나는 부동산 경매 서적들이 각종 판례 등을 통해 주택임대차보호법의 내용을 설명하고 있기 때문이다. 물론 판례를 통해 보다 자세하게 법률적 검토를 하는 것은 중요하다. 그러나 그보다는 주택임대차의 기본이라고 할 주택임대차보호법을 이해하는 것이 우선이다. 세세한 검토는 주택임대차호보법에 대한 이해 이후에 해도 늦지 않다. 지금부터 주택임대차보호법 중 부동산 경매를 위해 꼭 알아 두어야 할 주요 법 조항들을 쉽고 빠르게 살펴보자.

1. 주택임대차보호법의 적용 범위

〈주택임대차보호법 제2조〉 적용 범위
이 법은 주거용 건물(이하 "주택"이라 한다)의 전부 또는 일부의 임대차에 관하여 적용한다. 그 임차주택(賃借住宅)의 일부가 주거 외의 목적으로 사용되는 경우에도 또한 같다.

주택임대차보호법의 보호를 받기 위해 같은 법에서 규정하고 있는 건물은 주거용이어야 한다. 주거용 건물의 여부는 주된 용도가 무엇인지와 주거 용도로 사용하고 있는 면적이 상당한 면적인가에 달려 있다. 상당한 면적이란 주거용 면적이 전체의 1/2이나 그에 상당하는 면적을 의미한다. 주거용 건물의 여부는 공부상 용도뿐만 아니라 실지 용도에 따라 결정하는 것이 합리적이다. 구조와 형태, 이용 현황, 실제 주거 생활이 영위되고 있는지를 종합적으로 검토해서 판단한다. 주거용이 아닌 건물의 일부만을 주거용으로 사용하면 주택임대차보호법에서 규정하고 있는 보호를 받을 수 없다.

대법원 판례(1996. 3. 12. 선고, 95다51593 판결)에 따르면 주거용 건물에 해당하는지 여부는 임대차 목적물의 공부상 표시만을 기준으로 하지 않고 실제 용도에 따라 합목적적으로 판단하도록 하고 있다.

예를 들어 '임차인의 점유 부분 중 영업용 휴게실 설비로 예정된 홀 1칸이 있지만, 그 절반가량이 주거용으로 쓰이는 방 2칸, 부엌 1칸, 화장실 1칸, 살림용 창고 1칸, 복도로 되어 있고, 그 홀마저 각방의 생활 공간으로 쓰이고 있는 경우에는 주거용 건물로 인정되어 〈주택임대차보호법〉이 적용'된다(대법원 1987. 8. 25. 선고, 87다카793 판결). 여관의 방 하나를 내실로 사용하는 등 비주거용 건물의 일부를 주거의 목적으로 사용하는 경우에는 주택임대차보호법의 보호 대상에서 제외된다(대법원 1987. 4. 28. 선고, 86다카2407 판결).

그렇다면 미등기 건물이나 무허가 건물인 주택을 임차하면 주택임대차보호법의 적용을 받지 못할까? 주거용 건물인 이상 무허가 건물이든, 미등기 건물이든 주거를 목적으로 한 임대차라면 주택임대차보호법의 적용을 받는다(대법원 1987. 3. 24. 선고, 86다카164판결). 다만 주택임대차보호법에서 규정하는 보호를 받을 수 있을 뿐, 무허가 건물이 철거되는 상황이라면 보증금을 돌려받지 못할 수도 있다. 주거용으로 사용된다 하더라도 일시 사용이 명백하면 보호를 받지 못한다. 예를 들어 숙박 계약을 체결하고 숙박하는 경우는 주택임대차보호법에 따른 보호를 못 받는다.

한편 주거용 건물 여부의 판단 시기는 임대차계약을 체결하는 때를 기준으로 한다. 임대차계약을 체결하는 당시에는 주거용 부분이 존재하지 아니하였는데, 임차인이 그 후 임의로 주거용으로 개조하면 주택임대차보호법의 적용 대상이 되지 않는다(대법원 1986. 1. 21. 선고, 85다카1367 판결).

2. 대항력 등

〈주택임대차보호법 제3조〉 대항력 등

① 임대차는 그 등기(登記)가 없는 경우에도 임차인(賃借人)이 주택의 인도(引渡)와 주민등록을 마친 때에는 그 다음 날부터 제삼자에 대하여 효력이 생긴다. 이 경우 전입신고를 한 때에 주민등록이 된 것으로 본다.

② 국민주택기금을 재원으로 하여 저소득층 무주택자에게 주거생활 안정을 목적으로 전세임대주택을 지원하는 법인이 주택을 임차한 후 지방자치단체의 장 또는 그 법인이 선정한 입주자가 그 주택을 인도받고 주민등록을 마쳤을 때에는 제1항을 준용한다. 이 경우 대항력이 인정되는 법인은 대통령령으로 정한다.

③ 「중소기업기본법」 제2조에 따른 중소기업에 해당하는 법인이 소속 직원의 주거용으로 주택을 임차한 후 그 법인이 선정한 직원이 해당 주택을 인도받고 주민등록을 마쳤을 때에는 제1항을 준용한다. 임대차가 끝나기 전에 그 직원이 변경된 경우에는 그 법인이 선정한 새로운 직원이 주택을 인도받고 주민등록을 마친 다음 날부터 제삼자에 대하여 효력이 생긴다.

④ 임차주택의 양수인(讓受人)(그 밖에 임대할 권리를 승계한 자를 포함한

다)은 임대인(賃貸人)의 지위를 승계한 것으로 본다.

⑤ 이 법에 따라 임대차의 목적이 된 주택이 매매나 경매의 목적물이 된 경우에는 「민법」 제575조 제1항·제3항 및 같은 법 제578조를 준용한다.

⑥ 제5항의 경우에는 동시이행의 항변권(抗辯權)에 관한 「민법」 제536조를 준용한다.

주택임대차보호법 제3조에서 주목해야 할 부분은 '대항력'과 '임차인'이라는 단어이다. 단순히 법률적 개념에서 중요한 것이 아니라 부동산 경매 입찰에 참가하기 위한 권리분석 과정에서 항상 염두에 두어야 하는 개념이기 때문이다. 우선 대항력이라는 단어가 갖는 의미를 살펴보도록 하자.

1) 대항력

주택임대차보호법에서 말하는 대항력이란 주택임차인이 보증금을 지불하고 해당 주택에 이사한 후 주민등록을 하면 그 다음 날부터 제3자에 대하여 임차권으로 대항할 수 있는 힘을 가리킨다. 임차인은 자신의 임차보증금을 전부 반환받기 전까지는 집주인이 바뀌었다고 해도 집을 비워 주지 않아도 된다는 의미이다. 말소기준권리인 근저당권보다 앞서 대항력을 갖춘 [표 3-1]의 임차인은 낙찰자가 누가 되든 간에 자신의 보증금을 전액 반환받기 전까지 집을 비워 줄 필요가 없다.

모든 임차인이 대항력을 갖는 것은 아니다. [표 3-2]처럼 임차인이 대항력을 갖추기 전에, 즉 임차인이 주택에 이사(점유)해서 주민등록(전입신고)을 하기 전에 이미 등기부상 선순위 권리가 설정되면 새롭게 바뀐 집주인에게 대항하지 못한다.

[표 3-1] 대항력 있는 임차인

[표 3-2] 대항력 없는 임차인

2) 주택임차인

주택임대차보호법에서 말하는 주택임차인이란 원칙적으로 사람인 자연인을 의미한다. 법인은 주택임대차보호법의 보호 대상이 아니다. 다만 예외적으로 주택임차인으로서 보호하는 법인이 있다.

첫째, 국민주택기금을 재원으로 하여 저소득층 무주택자에게 주거생활 안정을 목적으로 전세임대주택을 지원하는 법인이 주택을 임차한 후 지방자치단체의 장 또는 그 법인이 선정한 입주자가 그 주택을 인도받고 주민등록을 마쳤을 때에는 대항력을 갖는다. 이 경우 대항력이 인정되는 법인은 '주택임대차보호법 시행령'에서 규정하고 있다.

〈주택임대차보호법 시행령 제1조의2〉 대항력이 인정되는 법인
「주택임대차보호법」(이하 "법"이라 한다) 제3조제2항 후단에서 "대항력이 인정되는 법인"이란 다음 각 호의 법인을 말한다.
1. 「한국토지주택공사법」에 따른 한국토지주택공사
2. 「지방공기업법」 제49조에 따라 주택사업을 목적으로 설립된 지방공사

둘째, 중소기업에 해당하는 법인이 소속 직원의 주거용으로 주택을 임차한 후 그 법인이 선정한 직원이 해당 주택을 인도받고 주민등록을 마쳤을 때에는 대항력을 갖는다. 임대차가 끝나기 전에

그 직원이 변경된 경우에는 그 법인이 선정한 새로운 직원이 주택을 인도받고 주민등록을 마친 다음 날부터 제삼자에 대하여 역시 대항력을 갖는다.

우리나라에 임대차 형태로 거주하는 사람은 대한민국 국민뿐만이 아니다. 외국인이나 재외동포도 분명 존재한다. 그들은 주택임대차보호법에 따른 보호를 받을 수 있을까?

주택임대차보호법 제1조는 '국민 주거생활의 안정을 보장함'이라 하여 보호 대상을 대한민국 국민으로 규정하고 있다. 원칙적으로 외국인은 주택임대차보호법의 보호 대상이 아니지만, 예외도 있다. 주택을 임차한 외국인이 주민등록과 전입신고에 준하는 외국인등록 및 체류지 변경신고를 했다면 주택임대차보호법의 적용을 받는다.

재외동포가 장기 체류하면서 주택을 임대차하는 때에도 주택임대차보호법의 대상이 된다. 재외동포(재외국민과 외국국적 동포)의 국내 거소신고는 '재외동포의 출입국과 법적 지위에 관한 법률'에 따라 거래관계 등에 있어서 주민등록을 대신한다. 재외동포가 거소신고를 임차주택 소재지 지번으로 하였다면 전입신고와 동일하게 보호받을 수 있다.

마지막으로 주택임대차의 형태 중 전대차라는 것이 있다. 전차인이 주택임대차보호법의 보호 대상이 되는지 여부도 알아 두어야 할 사항이다. 전차인은 주택임차권을 양수한 양수인을 말하는

데, 주택임대차보호법에서 전차인의 보호 여부는 임대인의 동의에 달려 있다. 임대인의 동의하에 이루어진 임차권 양도라면 보호 대상이 되는 것이다.

[표 3-3] 전차인 예시

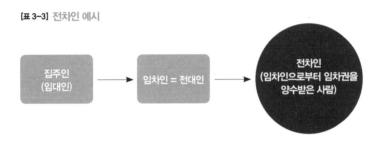

주택임대차보호법 :
보증금의 회수 및 임차권등기명령

하우스푸어가 사회 문제로 대두되다가 이제는 렌트푸어까지 나타나는 양상이다. 부동산 시장의 장기 침체로 집값이 약세를 면치 못하다 보니, 내 집 마련에 나서기보다는 손해 볼지도 모른다는 생각에 안전하게 전세로 거주하려는 수요가 크게 늘고 있는 추세이다. 더 많은 렌트푸어가 양산될까 걱정이 앞선다.

부동산 경기는 변동한다. 가격이 상승하기도 하고 하락하기도 한다. 가격이 하락하면 하우스푸어, 렌트푸어 같은 문제가 나타나 사회문제가 되기도 한다. 당연히 내 집 마련에 나서면 손해라는 인식이 확산되기 마련이다. 반대로 가격이 상승하면 치솟는 집값 때문에 내 집 마련시기에 대한 고민이 커진다. 주로 거품 혹은 뒤늦게 추격매수를 해 상투를 잡는 것은 아닌지 우려하는 분위기가 형성된다.

부동산 경기 침체 여파로 집값이 떨어지는 경우가 되었든 그 반대의 경우가 되었든 임대수요자체는 언제나 꾸준하다. 하지만 부동산 경기 상황과 관계없이 부동산 시장에서 임차인이 자신의 보증금을 지키는 것은 여전히 어려운 숙제 가운데 하나이다.

집주인 때문에 임차인이 어렵게 모은 피 같은 보증금을 대책 없이 날리거나, 대출까지 받아 만든 보증금을 날려 버린 끝에 은행 빚만 덩그러니 남는다면 얼마나 서럽고 아플까? 바로 이런 상황에서 꼭 알아두어야 하는 것이 주택임대차보호법이다.

그래서 주택임대차보호법이 임차인을 어떻게 보호하는지 알아야 한다. 재미있는 점은 그래서 경매물건의 권리분석 과정에서도 임차인은 중요한 요소가 되는 것이다.

1. 보증금의 회수

대항요건(점유 + 전입신고)과 임대차계약서에 확정일자를 갖춘 임차인은 후순위 권리자에 우선해서 임차보증금을 배당받는다. 다음의 [표 3-4]를 보자.

[표 3-4] 확정일자부 임차인의 우선변제 예시

근저당권 5천만 원 → 확정일자부 임차인 7천만 원 → 가처분 → 가등기 → 가압류 → 저당권 2천만 원

　　낙찰가는 1억 2천만 원이고, 경매비용은 없다고 가정하자. 임차인은 말소기준권리인 근저당권보다 후순위 권리자이지만, 대항요건과 확정일자를 갖춘 임차인이어서 후순위인 가처분, 가등기, 가압류, 저당권 등보다 우선해서 배당을 받는다. 임차인은 낙찰가인 1억2천만 원에서 1순위 근저당권자가 배당받은 5천만 원을 뺀 7천만 원을 배당받을 수 있다. 결국 임차보증금을 회수하는 데 아무런 문제가 없는 것이다. 이런 결과가 나오는 이유는 확정일자부 임차인에게 우선변제권이 있기 때문이다.

　　우리는 그야말로 전세자금대출 전성시대를 살고 있다. 다양한 전세자금대출제도가 운영되고 있기 때문이다. 전세자금대출을 받더라도 은행의 심사를 거치기 때문에 좀 더 안전해졌다.

　　주택임대차보호법은 임차인이 전세자금을 대출받은 금융 기관에 전세보증금 반환청구권을 넘기는 것을 인정하고 있다. 주택임대차보호법에 명시된 금융기관이 우선변제권을 취득한 임차인의 보증금반환채권을 계약으로 양수한 경우 양수한 금액의 범위에서 우선

변제권을 승계할 수 있도록 규정하고 있기 때문이다. 물론 전세보증
금반환보증보험을 이용하면 더욱 안전하다.

2. 임차권등기명령

임대차 기간이 만료되었음에도 불구하고 임차인이 보증금을 돌
려받지 못한다면 임차인은 적지 않은 심적, 물적 고통을 감수해야만
한다. IMF 외환 위기 당시 전세금을 돌려받지 못해 고생을 하면서도
대항력을 상실할까 봐 이사도 가지 못하고 고통받던 수많은 임차인
들을 생각해 보라. 그런 이유로 임차권등기명령 제도가 도입되었다.

〈주택임대차보호법 제3조의3〉 임차권등기명령
① 임대차가 끝난 후 보증금이 반환되지 아니한 경우 임차인은 임차
　주택의 소재지를 관할하는 지방법원·지방법원지원 또는 시·군 법
　원에 임차권등기명령을 신청할 수 있다.
② 임차권등기명령의 신청서에는 다음 각 호의 사항을 적어야 하
　며, 신청의 이유와 임차권등기의 원인이 된 사실을 소명(疎明)하
　여야 한다.
1. 신청의 취지 및 이유
2. 임대차의 목적인 주택(임대차의 목적이 주택의 일부분인 경우에는
　해당 부분의 도면을 첨부한다)

3. 임차권등기의 원인이 된 사실(임차인이 제3조제1항 또는 제2항에 따른 대항력을 취득하였거나 제3조의2제2항에 따른 우선변제권을 취득한 경우에는 그 사실)

4. 그 밖에 대법원규칙으로 정하는 사항

③ 다음 각 호의 사항 등에 관하여는 「민사집행법」 제280조제1항, 제281조, 제283조, 제285조, 제286조, 제288조제1항·제2항 본문, 제289조, 제290조제2항 중 제288조제1항에 대한 부분, 제291조 및 제293조를 준용한다. 이 경우 "가압류"는 "임차권등기"로, "채권자"는 "임차인"으로, "채무자"는 "임대인"으로 본다.

1. 임차권등기명령의 신청에 대한 재판

2. 임차권등기명령의 결정에 대한 임대인의 이의신청 및 그에 대한 재판

3. 임차권등기명령의 취소신청 및 그에 대한 재판

4. 임차권등기명령의 집행

④ 임차권등기명령의 신청을 기각(棄却)하는 결정에 대하여 임차인은 항고(抗告)할 수 있다.

⑤ 임차인은 임차권등기명령의 집행에 따른 임차권등기를 마치면 제3조제1항 또는 제2항에 따른 대항력과 제3조의2제2항에 따른 우선변제권을 취득한다. 다만, 임차인이 임차권등기 이전에 이미 대항력이나 우선변제권을 취득한 경우에는 그 대항력이나 우선변제권은 그대로 유지되며, 임차권등기 이후에는 제3조제1항 또는 제2항의 대항요건을 상실하더라도 이미 취득한 대항력이나 우선변제권을 상실하지 아니한다.

⑥ 임차권등기명령의 집행에 따른 임차권등기가 끝난 주택(임대차의 목적이 주택의 일부분인 경우에는 해당 부분으로 한정한다)을 그 이후에 임차한 임차인은 제8조에 따른 우선변제를 받을 권

리가 없다.

⑦ 임차권등기의 촉탁(囑託), 등기관의 임차권등기 기입(記入) 등 임차권등기명령을 시행하는 데에 필요한 사항은 대법원규칙으로 정한다.

⑧ 임차인은 제1항에 따른 임차권등기명령의 신청과 그에 따른 임차권등기와 관련하여 든 비용을 임대인에게 청구할 수 있다.

⑨ 금융기관등은 임차인을 대위하여 제1항의 임차권등기명령을 신청할 수 있다. 이 경우 제3항·제4항 및 제8항의 "임차인"은 "금융기관등"으로 본다.

계약기간이 만료되었음에도 보증금을 반환받지 못한 임차인은 임차 건물의 소재지를 관할하는 지방법원이나 지방법원지원 또는 시·군법원에 임차권등기명령을 신청할 수 있다. 임차권등기명령에 따라 임차권등기가 완료되면 임차인은 새로운 곳으로 이사를 가더라도 대항력과 확정일자부 우선변제권을 유지한다. 금융기관이 임차인을 대신하여 신청할 수 있다.

주택임대차보호법 :
경매에 따른 임차권 소멸 및
보증금 중 일정액의 보호

임차인이 임대인과 임대차계약을 체결하고 거주하던 중 불행하게도 집주인의 사정으로 거주 주택이 경매로 매각되면 어쩔 수 없이 보증금 손실을 감수해야 하는 경우가 많다. 어떤 보증금인들 귀하지 않은 보증금은 없겠지만, 특히 보증금이 크지 않은 임차인을 법적으로 특별히 보호해 주지 않는다면 말 그대로 길거리로 나앉아야 하는 상황에 처할 가능성이 높은 만큼 정부의 세심한 배려가 필요하다. 주택임대차보호법이 소액임차인 최우선변제라는 제도적 장치를 법률에 반영하고 있는 이유가 바로 여기에 있다.

그와 같은 필요성과 당위성에도 불구하고 소액임차인 최우선변제의 혜택을 누릴 임차인의 보증금 규모가 비현실적이어서 제 기능을 다하지 못하고 있는 실정이다. 보다 현실에 부합하도록 소액임차인 최우선변제로 받을 보증금 규모를 확대할 필요가 있다.

1. 경매에 의한 임차권의 소멸

〈주택임대차보호법 제3조의5〉 경매에 의한 임차권의 소멸
임차권은 임차주택에 대하여 「민사집행법」에 따른 경매가 행하여진 경우에는 그 임차주택의 경락(競落)에 따라 소멸한다. 다만, 보증금이 모두 변제되지 아니한, 대항력이 있는 임차권은 그러하지 아니하다.

'부동산 경매로 인해 소유권이 변경되면 임차권은 소멸하게 된다'는 문장이 의미하는 바가 무엇일까? 대항력이 있는 임차인은 문제없다고 앞에서 배웠데 이 무슨 소리인가? 많은 경매 초보자들은 어리둥절해질 수도 있다.

이상하게 생각할 것 없다. 대항력 없는 임차인, 즉 후순위 임차인은 경매로 인해 임차권이 소멸된다는 의미이다. 그래서 "다만, 보증금이 모두 변제되지 아니한, 대항력이 있는 임차권은 그러하지 아니하다"라는 문구가 별도로 있는 것이다.

어찌되었든 경매는 무섭긴 무서운 것이다. 멀쩡하던 임차권을 순식간에 소멸시키기도 하니까. 이래저래 경매당하지 않을 집에 세 들어 사는 것도 하나의 재테크요, 가진 재산을 경매당하지 않고 잘 지켜 내는 것도 재테크인 셈이다.

2. 보증금 중 일정액의 보호

〈주택임대차보호법 제8조〉 보증금 중 일정액의 보호
① 임차인은 보증금 중 일정액을 다른 담보물권자(擔保物權者)보다 우선하여 변제받을 권리가 있다. 이 경우 임차인은 주택에 대한 경매신청의 등기 전에 제3조제1항의 요건을 갖추어야 한다.
② 제1항의 경우에는 제3조의2제4항부터 제6항까지의 규정을 준용한다.
③ 제1항에 따라 우선변제를 받을 임차인 및 보증금 중 일정액의 범위와 기준은 제8조의2에 따른 주택임대차위원회의 심의를 거쳐 대통령령으로 정한다. 다만, 보증금 중 일정액의 범위와 기준은 주택가액(대지의 가액을 포함한다)의 2분의 1을 넘지 못한다.

주택임대차보호법에 따라 주택임차인은 보증금 중 일정 금액을 다른 권리보다 우선해 배당받는다. 이를 소액임차인 최우선변제라고 한다. 어떤 임차인이 어느 정도의 금액을 최우선변제받는지는 최초 근저당 등의 설정일을 기준으로 대통령령에서 정하는 바에 따라 이루어진다. 다음의 표는 최우선변제의 대상이 되는 임차보증금의 범위와 최우선변제금액에 대한 기준이다. 늘 옆에 두고 활용하면 편리할 것이다.

[표 3-5] 소액임차인 최우선변제금액 기준

구분		해당 지역	최우선변제 대상 보증금 상한	최우선변제금액
주택의 임대차	1984. 1. 1~ 1987. 11. 30	직할시 이상	보증금 300만 원 이하	3백만 원까지
		그 밖의 지역	보증금 200만 원 이하	2백만 원까지
	1987. 12. 1~ 1990. 2. 18	직할시 이상	보증금 500만 원 이하	5백만 원까지
		그 밖의 지역	보증금 400만 원 이하	4백만 원까지
	1990. 2. 19~ 1995. 10. 18	직할시 이상	보증금 2천만 원 이하	7백만 원까지
		그 밖의 지역	보증금 1천 5백만 원 이하	500만 원까지
	1995. 10. 19~ 2001. 9. 14	광역시 이상(군 지역 제외)	보증금 3천만 원 이하	1천 2백만 원까지
		그 밖의 지역	보증금 2천만 원 이하	8백만 원까지
	2001. 9. 15~ 2008. 8. 20	수도권과밀억제권역	보증금 4천만 원 이하	1천 6백만 원까지
		광역시(군 지역 제외)	보증금 3천 5백만 원 이하	1천 4백만 원까지
		그 밖의 지역	보증금 3천만 원 이하	1천 2백만 원까지
	2008. 8. 21~ 2010. 7. 25	수도권과밀억제권역	보증금 6천만 원 이하	2천만 원까지
		광역시(군 지역 제외)	보증금 5천만 원 이하	1천 7백만 원까지
		그 밖의 지역	보증금 4천만 원 이하	1천 4백만 원까지
	2010.7.26.~ 2013.12.31	서울특별시	보증금 7천 5백만 원 이하	2천 5백만 원까지
		수도권과밀억제권역	보증금 6천 5백만 원 이하	2천 2백만 원까지
		광역시(군 지역 제외), 안산시, 용인시, 김포시 및 광주시	보증금 5천 5백만 원 이하	1천 9백만 원까지
		그 밖의 지역	보증금 4천만 원 이하	1천 4백만 원까지
	2014.1.1.~ 2016.3.30	서울특별시	보증금 9천 5백만 원 이하	3천 2백만 원 까지
		수도권과밀억제권역	보증금 8천만 원 이하	2천 7백만 원 까지
		광역시(군지역 제외), 안산시, 용인시, 김포시 및 광주시	보증금 6천만 원 이하	2천만 원 까지
		그 밖의 지역	보증금 4천 5백만 원 이하	1천 5백만 원 까지

2016.3.31.~ 2018.9.17	서울특별시	보증금 1억 원 이하	3천 4백만 원 까지
	수도권과밀억제권역	보증금 8천만 원 이하	2천 백만 원 까지
	광역시(군지역 제외), 세종, 안산시, 용인시, 김포시 및 광주시	보증금 6천만 원 이하	2천만 원 까지
	그 밖의 지역	보증금 5천만 원 이하	1천 7백만 원 까지
2018.9.18.~	서울특별시	보증금 1억 1천만 원 이하	3천 7백만 원 까지
	수도권과밀억제권역 (용인, 세종, 화성포함)	보증금 1억원 이하	3천 4백만 원 까지
	광역시(군지역 제외) 안산시, 용인시, 김포시 및 광주시	보증금 6천만 원 이하	2천만 원 까지
	그 밖의 지역 (광역시 군포함)	보증금 5천만 원 이하	1천 7백만 원 까지

3. 주택임대차보호법 : 기타

1) 임대차기간 등

〈주택임대차보호법 제4조〉 임대차기간 등
① 기간을 정하지 아니하거나 2년 미만으로 정한 임대차는 그 기간
  을 2년으로 본다. 다만, 임차인은 2년 미만으로 정한 기간이 유효
  함을 주장할 수 있다.
② 임대차기간이 끝난 경우에도 임차인이 보증금을 반환받을 때까지
  는 임대차관계가 존속되는 것으로 본다.

주택임대차보호법은 최소 주택 임대차 기간을 2년으로 정하고
있다. 임차인의 주거 안정을 도모하기 위한 조항이다. 예를 들어 1
년으로 기간을 정해 임대차계약을 체결했더라도 임차인은 2년 동안

거주가 가능하다. 다만 2년 미만의 계약이라도 임차인이 그 기간을 주장하면 인정이 된다. 주택임대차보호법이 경제적 약자인 임차인을 보호하기 위한 편면적 강행 규정이기 때문이다.

2) 계약의 갱신

〈주택임대차보호법 제6조〉 계약의 갱신
① 임대인이 임대차기간이 끝나기 6개월 전부터 1개월 전까지의 기

간에 임차인에게 갱신거절(更新拒絶)의 통지를 하지 아니하거나 계약조건을 변경하지 아니하면 갱신하지 아니한다는 뜻의 통지를 하지 아니한 경우에는 그 기간이 끝난 때에 전 임대차와 동일한 조건으로 다시 임대차한 것으로 본다. 임차인이 임대차기간이 끝나기 1개월 전까지 통지하지 아니한 경우에도 또한 같다.
② 제1항의 경우 임대차의 존속기간은 2년으로 본다.
③ 2기(期)의 차임액(借賃額)에 달하도록 연체하거나 그 밖에 임차인으로서의 의무를 현저히 위반한 임차인에 대하여는 제1항을 적용하지 아니한다.

임대인과 임차인이 계약 만료 6개월 전부터 1개월 전까지 계약과 관련해 아무런 의사 표시가 없었다면 전과 동일한 조건으로 계약이 연장된다. 이른바 묵시적 갱신이 이루어진다. 묵시적 갱신은 그 존속기간을 2년으로 보는데, 2개월 이상 월세를 연체하는 등 임차인으로

서 부담해야 할 의무를 현저히 위반한 임차인에게는 적용되지 않는다.

3) 묵시적 갱신의 경우 계약의 해지

〈주택임대차보호법 제6조의2〉 묵시적 갱신의 경우 계약의 해지
① 제6조제1항에 따라 계약이 갱신된 경우 같은 조 제2항에도 불구하고 임차인은 언제든지 임대인에게 계약해지(契約解止)를 통지할 수 있다.

② 제1항에 따른 해지는 임대인이 그 통지를 받은 날부터 3개월이 지나면 그 효력이 발생한다.

주택 임대차계약이 묵시적 갱신으로 연장되더라도 임차인은 언제든지 계약해지를 요구할 수 있다. 임대인이 해지 통지를 받은 날로부터 3개월이 경과하면 계약은 해지된다.

4) 차임 등의 증감청구권

〈주택임대차보호법 제7조〉 차임 등의 증감청구권
당사자는 약정한 차임이나 보증금이 임차주택에 관한 조세, 공과금, 그 밖의 부담의 증감이나 경제사정의 변동으로 인하여 적절하지 아니하게 된 때에는 장래에 대하여 그 증감을 청구할 수 있다. 다만, 증액의 경우에는 대통령령으로 정하는 기준에 따른 비율을 초과하지 못한다.

〈주택임대차보호법 시행령 제2조〉 차임 등 증액청구의 기준 등
① 법 제7조에 따른 차임이나 보증금(이하 "차임등"이라 한다)의 증액청구는 약정한 차임등의 20분의 1의 금액을 초과하지 못한다.
② 제1항에 따른 증액청구는 임대차계약 또는 약정한 차임등의 증액이 있은 후 1년 이내에는 하지 못한다.

약정한 차임이나 보증금이 여러 가지 사유(조세, 공과금, 그 밖의 부담의 증감이나 경제사정의 변동)에 따라 정상적인 수준을 벗어나면 임대인과 임차인은 언제든지 그 증감을 청구할 수 있다. 다만 증액은 대통령령이 정하는 기준에 다라 일정 비율을 초과하지 못하도록 규정하고 있다. 현재 그 비율은 약정한 차임 등의 1/20을 초과하지 못하며, 임대차계약 또는 약정한 차임 등의 증액이 있는 후 1년 이내에는 하지 못하도록 규정하고 있다.

5) 월차임 전환 시 산정률의 제한

〈주택임대차보호법 제7조의2〉 월차임 전환 시 산정률의 제한
보증금의 전부 또는 일부를 월 단위의 차임으로 전환하는 경우에는 그 전환되는 금액에 다음 각 호 중 낮은 비율을 곱한 월차임(月借賃)의 범위를 초과할 수 없다.
1. 「은행법」에 따른 은행에서 적용하는 대출금리와 해당 지역의 경제여건 등을 고려하여 대통령령으로 정하는 비율

2. 한국은행에서 공시한 기준금리에 대통령령으로 정하는 이율을 더한 비율

〈주택임대차보호법 시행령 제9조〉 월차임 전환 시 산정률
① 법 제7조의2 제1호에서 "대통령령으로 정하는 비율"이란 연 1할을 말한다.
② 법 제7조의2 제2호에서 "대통령령으로 정하는 이율"이란 연 3.5퍼센트를 말한다.

전세 계약으로 살거나 월세 부담이 적게 보증금을 많이 내는 월세로 살다가, 갑작스러운 사정으로 보증금 중 일부를 반환받고 그만큼 월세를 더 지불하면서 살아야 하는 경우가 발생한다. 보증금을 반환받는 대신 지불해야 하는 월세는 어느 정도 수준이 되어야 할까?

주택임대차보호법 시행령에 따르면 월차임 전환시 산정률은 연 1할과 한국은행 기준금리에 연 3.5%를 더한 것 중 작은 것이다. 2020년 현재 한국은행 기준금리가 낮기 때문에 기준금리가 지속적으로 인상되지 않는 이상 1할 미만이 적용될 것이다.

〈사례〉 보증금 2천만 원에 월세 20만 원에 살고 있는 임차인이 보증금을 천만 원 감액하고 월세를 증액하고자 한다면 매월 지불해야 하는 월세는 얼마가 되는가? 단, 기준금리는 1.25%이다.
정답) 월차임 전환시 산정률 계산 : 1.25% + 3.5% = 4.75%
매월 지불 월세 금액 계산 : 200,000 + (10,000,000 × 0.0475)
/ 12 = 239,583원

6) 주택 임차권의 승계

〈주택임대차보호법 제9조〉 주택임차권의 승계
① 임차인이 상속인 없이 사망한 경우에는 그 주택에서 가정공동생
　활을 하던 사실상의 혼인 관계에 있는 자가 임차인의 권리와 의
　무를 승계한다.
② 임차인이 사망한 때에 사망 당시 상속인이 그 주택에서 가정공동
　생활을 하고 있지 아니한 경우에는 그 주택에서 가정공동생활을
　하던 사실상의 혼인 관계에 있는 자와 2촌 이내의 친족이 공동으
　로 임차인의 권리와 의무를 승계한다.
③ 제1항과 제2항의 경우에 임차인이 사망한 후 1개월 이내에 임대인
　에게 제1항과 제2항에 따른 승계 대상자가 반대의사를 표시한 경
　우에는 그러하지 아니하다.
④ 제1항과 제2항의 경우에 임대차 관계에서 생긴 채권·채무는 임차
　인의 권리의무를 승계한 자에게 귀속된다.

비록 사실혼 관계에 있는 배우자라고 할지라도 주택임대차보
호법에서는 임차권의 상속을 인정해 주고 있다. 가장 기초적인 생
활권을 확보해 주기 위한 조치라고 하겠다.

주택 경매 참가 :
제1단계 – 주택임차인 분석

아파트든 단독주택이든, 아니면 연립주택이든 다세대주택이든 그 종류와는 상관없다. 부동산 경매를 통해 주택을 구입하고자 한다면 가장 먼저 신경 써야 할 부분이 주택임대차보호법에 따른 주택임차인이다. 실전 경매에는 각양각색의 임차인이 존재한다. 위장임차인도 그중 하나이다. 위장임차인이란 표면적으로는 정당한 권리가 있는 임차인으로 보이지만 실제로는 권한이 없는 위법한 임차인을 말한다. 말로는 지극히 단순하게 정의해도 실제 경매 현장에서 위장임차인을 찾아내기란 여간 어렵지 않다.

많은 경매 서적들은 고수익을 창출할 방법으로 위장임차인이라고 추정되는 주택을 노려보라고 조언한다. 필자의 생각은 조금 다르다. 낙찰받을 물건이 드물다면 남들이 쉽게 접근하기 어려운 물건을 낙찰받는 것이 현명한 선택이겠지만, 경매로 구입할 만한 주택이 풍부하다면? 아직 경매가 익숙하지 않은 투자자들이 굳이 위장임차인과 같은 분석하기 까다로운 임차인이 있는 주택을 낙찰받을 필요는 없다. 남들보다 높은 가격에 낙찰받아 결과적으로 낮은 수익이 발생하더라도 까다로운 임차인이 있는 주택은 피하는 것이 바람직하다는 생각이 든다. 그럼 지금부터 법원 경매에서 접하는 주택임차인의 형태를 하나씩 살펴보도록 하자.

1. 선순위 임차인

선순위 임차인이란 말 그대로 말소기준권리보다 먼저 대항력을 갖춤으로써 낙찰자에게 대항할 권한이 있는 임차인을 말한다. 낙찰자 입장에서는 인수 대상 임차인이 되므로 주의를 기울여야 한다.

[표 3-6] 선순위 임차인이 있는 사례

물건번호	1		
사건번호	2019타경 00000호	용도	주거(아파트)
감정평가액	300,000,000	채권자	국민은행
최저경매가	240,000,000	채무자	황당해
입찰보증금	24,000,000	소유자	황당해
청구금액	100,000,000	건물면적	
경매대상		토지면적	
특이사항			

물건내역	진행결과	법원임대차/ 주민등록현황	등기부 권리관계
서울 강동구 성내동 45 000아파트 0동 00호 대지 : 37,8192㎡ 건물 : 84,57㎡(방3, 욕실2) 총 12층 중 00층 보존등기 2004. 2. 10 대지감정 : 180,000,000원 건물감정 : 120,000,000원	유찰 2020. 2. 1 80%	최부자 1억 2천만 원 전입 15. 2. 6 확정 15. 2. 6 배당요구 19. 12. 1	소유보존 2004. 2. 10 소유권이전 2015. 5. 15 **근저당 국민은행** **2015. 5. 15** **1억 3천만 원** 근저당 김판돌 2015. 7. 30 6천 5백만 원 가압류 오순돌 2019. 5. 1 1억 원 임의경매 국민 19. 6. 1

    [표3-6]의 사례를 말소기준권리 중심으로 정리하면 [표3-7]과 같이 된다.

[표 3-7] 선순위 임차인의 권리 순서

임차인 최부자는 소액임차인 최우선변제 대상은 아니지만, 전입신고(2015.2.6)와 확정일자(2015.2.6.)가 말소기준권리인 최초 근저당권 설정일(2015.5.15) 보다 앞서고 있어 대항력 있는 선순위 임차인이다. 입찰에 참가하기 전에 선순위 임차인인 최부자가 배당요구를 했는지를 꼭 점검해야 한다.

만일 임차인 최부자가 배당요구를 하지 않았다면 임대보증금인 1억 2천만 원을 전부 인수해야 한다. 감정평가액이 3억 원이므로 물어주어야 할 임대보증금 1억 2천만 원을 고려해 입찰가격을 1억 8천만 원 이하에서 결정해야 한다. 따라서 대항력 있는 선순위 임차인이 있다면 반드시 배당요구 여부를 확인하고 입찰에 참가하도록 하자.

만약 대항력 있는 선순위 임차인인 최부자가 배당요구를 했다면 어떻게 될까? 그러면 정상적으로 입찰에 참가하면 된다. 최부자가 배당을 받는 데 어려움이 없을 것이기 때문이다.

대항력 있는 선순위 임차인이 있으면…

① 배당요구(○) → 정상적인 권리분석 후 입찰 참가
② 배당요구(×) → 임차인을 인수해야 하므로 충분히 유찰될 때까지
   기다렸다가 입찰 참가

2. 후순위 임차인

선순위 임차인은 보증금을 회수하는 데 문제가 없어 명도에도 큰 어려움이 없다. 그렇다면 후순위 임차인은 어떠할까? 후순위 임차인과 선순위 임차인을 비교한다면 한마디로 말해 천지 차이이다. 주택임차인이라고 해서 무조건 보호해 주다 보면 정당한 권리를 갖고 있는 채권자의 이익을 과도하게 침해할 수 있기 때문이다.

선순위 근저당권이 주택 가격에 비해 과도하게 높게 설정되어 있거나, 집주인에 대한 평판이 좋지 않은 등 향후 임대보증금을 보호받지 못할 가능성이 높은 주택은 무조건 임차를 피해야 한다. 전세 가격이 한참 비쌀 때나 매매 가격 상승기에 전세를 얻었다가 가격 하락으로 집주인이 임대보증금을 쉽게 반환해 주지 못하는 경우도 있다. 이런 낭패를 사전에 방지하기 위해서는 충분히 주택 시장에 대한 분석을 하고 계약을 체결하는 것이 현명하다.

그럼 본론으로 돌아와서 후순위 임차인이 있으면 어떻게 되는

지를 살펴보자.

[표 3–8] 후순위 임차인이 있는 사례

물건번호	1			
사건번호	2019타경 00000호	용도	주거(아파트)	
감정평가액	300,000,000	채권자	국민은행	
최저경매가	240,000,000	채무자	황당해	
입찰보증금	24,000,000	소유자	황당해	
청구금액	100,000,000	건물면적		
경매대상		토지면적		
특이사항				

물건내역	진행결과	법원임대차/ 주민등록현황	등기부 권리관계
서울 강동구 명일동 45 00아파트 0동 00호 대지 : 37.8192㎡ 건물 : 84.57㎡(방3, 욕실2) 총 12층 중 00층 보존등기 2004. 2. 10 대지감정 : 180,000,000원 건물감정 : 120,000,000원	유찰 10. 2. 1 80% 낙찰 2억 4천 5백만 원	최부자 1억 9천만 원 전입 15. 6. 6 확정 15. 6. 6 배당요구 09. 12.. 1	소유보존 2004. 2. 10 소유권이전 2015. 5. 15 **근저당 국민은행 2015. 5. 15 1억 3천만 원** 근저당 김판돌 6천 5백만 원 2015. 7. 30 가압류 오순돌 2019. 5. 1 1억 원 임의경매 국민 19. 6. 1

[표3-8]의 권리관계들을 분석의 편의를 위해 간략하게 나타내면 [표3-9]와 같다. 말소기준권리는 국민은행의 근저당권(2015.5.15.)이다. 임차인(최부자)은 소액임차인 최우선변제대상이 아니고, 전입신고(2015.6.6.)와 확정일자(2015.6.6.)는 말소기준권리인 국민은행 근저당권 보다 늦다.

[표 3-9] 후순위 임차인의 권리 순서

우리는 이미 말소기준권리 이후에 성립된 권리들은 원칙적으로 모두 말소 대상이 된다고 배웠다. 물론 몇 가지 예외 사항(유치권, 최선순위 가처분 등)이 있기는 하지만 위 사례에는 예외에 해당되는 권리들이 없다. 낙찰가격이 2억 4천 5백만 원이고 경매비용이 5백만 원이라고 가정한다면 배당 순서와 배당금액은 다음과 같다.

[표 3-10] 배당순서

순서	채권자	배당금액	비고
1순위	경매비용	5백만 원	
2순위	국민은행	1억 원	
3순위	임차인(최부자)	1억 4천만 원 (5천만 원 미회수)	배당 고갈

결국 임차인(최부자)은 5천만 원이라는 거액의 보증금을 손해 보게 된다. 후순위 임차인이 갖는 서러움이 아닐 수 없다.

3. 다수의 임차인 : 소액임차인이 없는 경우

아파트나 연립주택, 다세대주택처럼 한 세대가 거주할 수 있는 구조라면 특별한 사정이 없는 한 하나의 주택에 하나의 세대가 거주한다. 그에 따라 고려해야 할 임차인도 한 명이 대부분이다. 반면 단독주택이나 다가구주택, 원룸주택, 상가주택 등은 하나의 건물에 여러 세대가 별도의 세대를 구성하고 거주하는 구조로 되어 있어서 여러 명의 임차인이 거주하게 된다. 당연히 고려해야 할 임차인도 여러 명이 된다. 지금부터 여러 명의 임차인을 고려해야 하는 [표 3-11]을 보도록 하자.

[표 3-11] 다수의 임차인 : 소액임차인이 없는 경우

물건번호	1		
사건번호	2019타경 00000호	용도	주거(아파트)
감정평가액	996,000,000	채권자	국민은행
최저경매가	637,440,000	채무자	황당해
입찰보증금	63,744,000	소유자	황당해
청구금액	450,000,000	건물면적	
경매대상		토지면적	
특이사항			

물건내역	진행결과	법원임대차/ 주민등록현황	등기부 권리관계
서울 강동구 명일동 45 00-1 대지 340㎡ 건물 1층120㎡ 2층120㎡ 지하실창고 33㎡ 제시외 보일러실4㎡ 보존등기 1995.10.16 대지감정 924,800,000원 건물감정 70,000,000원 제시외 1,200,000원	유찰 20. 2. 1 유찰 20. 3. 16 64% 낙찰 6억 4천 5백만 원	최부자 6천만 원 전입 15. 1. 6 확정 15. 1. 6 배당요구 19. 12. 1 박식해 7천만 원 전입 15. 8. 6 확정 15. 8. 6 배당요구 19. 12. 1 민경호 5천 5백만 원 전입 19. 4. 6 확정 19. 4. 6 배당요구 19. 12. 1	소유보존 1995. 10. 16 소유권이전 2015. 5. 15 **근저당 국민은행 2015. 5. 15 5억 2천만 원** 근저당 김판돌 3억 원 2015. 7. 30 가압류 오순돌 2019. 5. 1 3억 원 임의경매 국민 19. 6. 1 청구 4억 5천만 원

소액임차인 여부는 최초 담보물권 설정일이 기준이 된다. 최초 근저당권이 설정된 2015년 5월 15일 당시 서울에서 소액임차인 최우선 변제를 받을 수 있는 금액 상한은 9천 5백만 원이다. 3명의 임

차인 모두 소액임차인에 해당되지 않는다는 점을 먼저 확인하자. [표 3-11]을 쉽게 이해하기 위해 권리 순서를 정리한 것이 [표 3-12]이다.

[표 3-12] 권리 순서

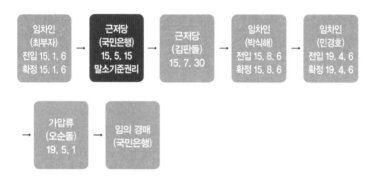

[그림 3-12]을 보면 말소기준권리는 국민은행 근저당(2015.5.15.) 이다. 선순위 임차인인 최부자는 낙찰가 6억 4천 5백만 원에서 배당을 받아 보증금 회수에 아무런 문제가 없다. 문제는 말소기준권리

[표 3-13] 배당순서

순서	채권자	배당금액	비고
1순위	경매비용	5백만 원	
2순위	임차인(최부자)	1억 3천만 원	
3순위	근저당(국민은행)	4억 5천만 원	
4순위	근저당(김판돌)	6천만 원 (2억 4천만 원 부족)	배당 고갈
5순위	임차인(박식해)	0원	
6순위	임차인(민경호)	0원	

이후에 대항력을 취득한 임차인인 박식해와 민경호이다. 낙찰가를 기초로 배당순서를 따져 보면 쉽게 알 수 있다. 분석의 편의를 위해 경매비용은 5백만 원으로 가정한다.

대항력이 없는 임차인 박식해와 민경호는 순서가 늦어서 한 푼도 배당받지 못하는 결과를 받아들여야 하는 상황에 처해 있다. 통상 자기 보증금을 모두 날려버리고 한 푼도 배당받지 못한 임차인이 있으면 명도가 매우 어려워지기 마련이다. 이런 임차인이 있다면 보다 지혜롭게 명도하기 위한 바법을 사려 깊게 모색해 두어야 의외의 낭패를 면할 수 있다.

4. 다수의 임차인 : 소액임차인이 있는 경우

사실 먼저 살펴본 사례에서는 임차인이 소액임차인 최우선변제 대상이 아니어서 배당이 비교적 간단하게 이루어졌다. 만약 여러 명의 임차인이 각각 소액임차인 최우선변제 요건을 충족하고 있고, 소액임차인 최우선변제로 배당받아야 할 금액이 낙찰가의 50%를 초과하면 어떻게 될까? 이런 경우 법원은 주택임대차보호법에서 규정하고 있는 바와 같이 낙찰가액의 1/2 범위 내에서 안분배당을 실시한다.

[표 3-14] 다수의 소액임차인이 최우선변제

임차인	임대보증금	최우선변제금액	비고
김판돌	1,500만 원	1,500만 원	최우선변제 대상
박별나	3,000만 원	2,000만 원	최우선변제 대상
이원샘	4,000만 원	2,000만 원	최우선변제 대상
정돌쇠	4,500만 원	2,000만 원	최우선변제 대상

　　수도권과밀억제권역에 소재하고 있는 다가구주택이 1억 원에 낙찰되었고, 말소기준권리는 2009년이며, 경매비용은 없다고 가정하고 [표 3-14]를 살펴보자.

　　낙찰가액이 1억 원이므로 소액임차인 최우선변제의 최대 금액은 50%인 5,000만 원이 된다. 표에서 4명의 최우선변제 금액은 7,500만 원으로 낙찰가의 50%를 초과한다. 따라서 법원은 소액임차인 최우선변제 금액에 대한 안분배당을 실시한다. 안분배당은 소액임차인 각각이 받아야 할 최우선변제 금액을 전체 소액임차인이 받아야 할 최우선변제 금액으로 나눈 후 낙찰가액의 50%를 곱하여 계산하게 된다.

김판돌 → 5,000만 원 × (1,500만 원 / 7,500만 원) = 1,000만 원
박별나 → 5,000만 원 × (2,000만 원 / 7,500만 원) = 1333.33만 원
이원샘 → 5,000만 원 × (2,000만 원 / 7,500만 원) = 1333.33만 원
정돌쇠 → 5,000만 원 × (2,000만 원 / 7,500만 원) = 1333.33만 원

내친김에 한 가지 더 짚고 넘어갈 것이 있다. 배당 순서이다. 간략하게나마 배당 순서를 알아보도록 하겠다.

배당 순서

1순위 : 경매비용
2순위 : 소액임차인 최우선변제, 최종 3개월분의 임금, 최종 3년분의
　　　　퇴직금, 재해 보상금
3순위 : 당해세(국세 중 상속세, 증여세, 자산재평가세, 지방세 중 재
　　　　산세, 자동차세, 도시계획세 등)
4순위 : 각종 물권과 확정일자부 임차인 등 권리 성립 순서에 따른
　　　　순위배당
5순위 : 최종 3개월분 임금을 제외한 일반 임금 채권
6순위 : 담보물권보다 후순위인 조세 채권
7순위 : 4대 보험료 및 공과금
8순위 : 일반 채권

배당 순서를 말소기준권리와 잘 접목시켜 배당금액을 계산하는데, 그 요령은 아주 간단하다. 우선 말소기준권리를 찾는 것이 중요하다. 배당은 일단 경매비용부터 공제한 금액으로 한다. 소액임차인이나 최종 3개월분의 임금 채권, 재해 보상금과 관련된 배당은 말소기준권리와 관계없이 우선 배당을 한다. 그 다음으로 말소기준권리보다 앞서 있는 권리에 배당을 한다. 말소기준권리보다 선순위인 권리가 모두 (근)저당권 같은 물권이면 순위배당을 하고, 가압류 같은 채권이 선순위이면 안분배당을 실시한 후 다시 순위배당을 한다.

말로 설명하니까 복잡해 보이지만, 연습 문제로 살펴보면 간단하니까 너무 걱정하지 않아도 된다. 수도권과밀억제권역에 있는 주택이 2억 원에 낙찰되었고, 권리관계가 [표 3-15]와 같다고 가정해보자. 단 편의상 경매비용은 없다고 설정한다.

[표 3-15] 권리관계

[표 3-15]와 같은 순서로 권리가 설정되어 있다면 배당 순서는 소액임차인 최우선변제(최부자) → 확정일자부 임차인(최부자) → 국민은행 → 가압류(안분배당) → 근저당(박식해)의 순서가 된다. 표로 정리하면 다음과 같다.

[표 3-16] 배당 순서와 배당금액

배당순서	금액	순위배당	안분배당	흡수배당	최종배당	채권금액
소액임차인 최우선변제	1,600만 원	-	-	-	1,600만 원	4,000만 원
임차인(최부자)	-	2,400만 원	-	-	2,400만 원	
근저당(국민은행)	-	1억 원	-	-	1억 원	1억 원
가압류(김판돌)	-	-	1,500만 원	-	1,500만 원	1억 원
근저당(박식해)	-	-	1,500만 원	3,000만 원	4,500만 원	1억 원
임차인(민경호)	-	-	1,500만 원	-1,500만 원	0	1억 원
가압류(오순돌)	-	-	1,500만 원	-1,500만 원	0	1억 원

소액임차인 최우선변제(최부자)와 선순위 임차인(최부자), 말소기준권리(국민은행)에 대한 배당까지는 순위배당이므로 순서대로 배당을 하면 된다. 그 다음부터는 안분배당이 실시된다. 말소기준권리까지 배당하고 남은 금액은 6,000만 원(낙찰가액-소액 최우선변제-선순위 임차인-국민은행 근저당권)이다. 말소기준권리의 바로 다음 순위가 채권인 가압류이므로 채권 금액에 비례한 안분배당을 한다. 가압류(김판돌) 1,500만 원, 근저당(박식해) 1,500만 원, 임차인(민경호) 1,500만 원, 가압류(오순돌) 1,500만 원을 각각 안분배당받는다.

가압류(김판돌) = 6,000만 원×(1억 원/4억 원) = 1,500만 원
근저당(박식해) = 6,000만 원×(1억 원/4억 원) = 1,500만 원
임차인(민경호) = 6,000만 원×(1억 원/4억 원) = 1,500만 원
가압류(오순돌) = 6,000만 원×(1억 원/4억 원) = 1,500만 원

배당은 여기서 끝나지 않는다. 두 번째 근저당권(박식해)은 임차인(민경호)과 가압류(오순돌)에 비해 우선하여 성립한 '물권'이기 때문에 자기 금액이 만족될 때까지 후순위 권리에서 흡수배당을 하게 된다. 결국 근저당(박식해)은 후순위인 임차인(민경호)과 가압류(오순돌)가 안분배당받은 금액 전부를 흡수하는 흡수배당을 한다. 최종적으로 근저당(박식해)은 4,500만 원을 배당받는 반면 임차인(민경호)과 가압류(오순돌)는 한 푼도 배당받지 못한다.

5. 임차인 미상

법원의 매각목록조사서의 임차인 항목을 보면 동사무소 주민등록은 전입으로 기록되어 있는데 임대차 현황이 '미상'으로 처리되는 경우가 종종 있다. 법원의 명령에 따라 집행관이 현황 조사를 위해 현장을 방문하였으나 어떤 사정으로 인해 확인하지 못한 상황이다.

[표 3-17] 임차인 미상인 경우

물건번호	1		
사건번호	2019타경 00000호	용도	주거(아파트)
감정평가액	440,000,000	채권자	국민은행
최저경매가	352,000,000	채무자	황당해
입찰보증금	35,200,000	소유자	황당해
청구금액	100,000,000	건물면적	
경매대상		토지면적	
특이사항			

물건내역	진행결과	법원임대차/ 주민등록현황	등기부 권리관계
경기 과천시 원문동 18 주공아파트 0동 00호 대지 : 46.8192㎡ 건물 : 46.57㎡(방2, 욕실1) 총 5층 중 3층 보존등기 1984. 2. 10 대지감정 : 380,000,000원 건물감정 : 60,000,000원	유찰 20. 2. 1 80%	미상	소유보존 1984. 2. 10 소유권이전 2015. 5. 15 **근저당 국민은행** **2015. 5. 15** **1억 3천만 원** 근저당 김판돌 6천 5백만 원 2015. 7. 30 가압류 오순돌 1억 원 2019. 5. 1 임의경매 국민 19. 6. 1

'임차인 미상'이라는 표현 자체가 '임차인이 없으니 안심하고 입찰에 참가해도 된다'는 의미가 아니다. 임차인이 분명 있기는 하지만 자세한 내용을 파악하지 못했다는 의미라는 점에 주의해야 한다.

[표3-17]처럼 임차인 미상으로 나타나면 어떻게 해야 할까? 우선 전입사항을 확인해야 한다. 경매 참가자는 경매일시와 해당 물건

소재지가 나와 있는 공고문을 가지고 해당 주민센터를 찾아 전입세대 열람을 신청하면 언제, 누가 전입했는지를 확인할 수 있다. 전입자 사항에는 선순위 임차인, 후순위 임차인은 물론 단순 점유자, 채무자, 보증인의 친인척 등도 포함된다. 이 때 말소기준권리보다 먼저 전입된 세대가 있는지를 확인하는 것이 중요하다. [표3-17]에서는 말소기준권리인 국민은행 근저당권(2015.5.15.) 보다 먼저 전입한 임차인이 있는지를 점검해야 한다.

조사 결과 근저당권 설정일보다 먼저 전입한 임차인이 있다면 그 임차인과 관련해서 자세하게 조사해야 한다. 선순위 임차인이면서도 배당요구를 안 했다면 낙찰자가 임차보증금을 고스란히 인수해서 불측의 손해를 감수해야만 한다. 임차인 미상인 물건에 입찰하려는 투자자는 신중 또 신중해야 하는 것이다.

주택 경매 참가 :
제2단계-경매 대상에 대한 현황 분석

주택 경매에 참가하기 위한 가장 기초적인 사항은 권리분석이라고 이미 강조한 바 있다. 낙찰을 받기 위해 가장 중요하면서도 기초적인 사항이 권리분석이라면, 낙찰 이후 실수요 혹은 투자 수익 창출을 위해 가장 중요한 것은 경매 대상에 대한 현황 분석이다. 현황 분석은 현재 상태에서의 주변 환경, 시세 흐름, 임대 수익 가능성 등을 포함하는 개념으로, 성공적인 경매를 이끌어 주는 강력한 동력이 된다는 점에서 매우 중요한 절차이다.

1. 주변 환경 분석

주변 환경 분석에서 우선적으로 고려해야 할 사항으로 대략 일곱 가지 정도를 들 수 있다. 가장 우선적으로 고려해야 할 사항은 교육 인프라이다. 교육 인프라가 뛰어난 곳은 지금 당장은 아니더라도 시간이 지날수록 그 가치가 상승할 수밖에 없다. 우리나라뿐만 아니라 교육의 중요성을 잘 인식하고 있는 전 세계 모든 국가에서 공통적으로 나타나는 현상이다. 단순히 우량 학군만을 따져서는 안 된다. 학교 외에도 학원, 도서관, 독서실 등 다양한 교육 인프라를 고려해야 한다.

두 번째는 대중교통 환경이다. 우리나라 주택 가격 흐름을 보면 경기가 좋을 때는 좋은 대로, 어려울 때는 어려운 대로 대중교통 접근성이 편리한 지역의 주택이 경쟁력을 자랑한다. 대중교통망을 중심으로 각종 인프라가 확충되면서 발전의 중심지로 발돋움하기 마련이다. 그만큼 가격 상승 탄력성은 높아질 수밖에 없다.

세 번째는 자족 기능이다. 자족 기능은 도시의 성장 동력이라고 표현할 수 있다. 자족 기능을 갖추고 있는 지역은 경제적 어려움에도 비교적 흔들림 없이 대응해 나간다는 장점이 있다. 수도권 신도시 가운데 분당이나, 지방이라고 해도 강한 도시로 손꼽히는 거제, 울산 등이 대표적이다. 자족 기능이 어느 정도 수준인가를 중요하게 분석해야 한다.

네 번째는 백화점, 대형 할인매장 등 쇼핑 편의 시설이다. 쇼핑 편의 시설은 단순히 쇼핑의 편리성 증대만을 위해 필요한 것은 아니다. 저렴한 소비의 기회를 제공하는 동시에 다양한 문화 및 여가 활동의 기회를 제공해 주는 방향으로 백화점과 대형 할인매장의 역할이 진화하고 있다.

다섯 번째는 웰빙 주거 환경이다. 웰빙 주거 환경이란 말 그대로 사람답게 살자는 말의 다른 표현이다. 시간이 지날수록 강, 호수, 공원, 산 등 자연 환경과 밀접하게 연결되는 주거지가 더욱 각광받을 것이다.

여섯 번째는 지역을 대표하는 곳인지의 여부이다. 신도시 내에서도 지역을 대표하는 곳과 그렇지 않은 곳으로 구분되고, 그에 따라 주택 가격도 양극화되는 모습을 보인 지 오래다. 하물며 여타 지역은 말할 필요도 없다. 낙찰받으려는 주택이 입지하고 있는 지역이 과연 지역 내에서 어느 정도의 수준인지를 검토해야 한다.

일곱 번째는 해당 지역의 인구와 가구 수 증감이다. 인구와 가구 수 증감은 주택 수요와 직결되는 변수이다. 인구와 가구 수가 꾸준히 증가하고 있는 지역이라면 향후 주택 수요도 증가할 것이고, 곧 주택 가격 강세로 연결된다고 예상 가능하다. 인구와 가구 수가 어떤 추세를 보이는지를 반드시 고려해야 한다.

2. 시세 파악, 인터넷을 활용하자

정확한 권리분석을 바탕으로 낙찰받아도 아무런 하자가 없다는 결론을 내렸음에도 막상 부동산 경매에 참가하려고 하면 막연한 두려움이 앞선다. '과연 낙찰받아서 처분하면 수익이 생길까?' 하는 생각 때문이다.

사실 어느 누구도 낙찰받아 처분하여 무조건 수익을 창출한다고 장담할 수는 없다. 아니, 어떤 재테크를 해도 그에 상응하는 위험이 따르기 때문에 100% 성공을 보장하는 투자란 애초부터 불가능하다. 즉, 사전에 철저한 준비가 필요한 것이다. 낙찰받으려는 주택은 어느 정도의 시세가 형성되어 있는지, 급매 가격은 어느 정도 수준인지, 주택 경기 침체기로 인해 처분이 곤란한 상황이 되었을 때 임대 가격은 어느 정도 수준인지 등에 대한 종합적인 분석을 입찰 전에 해두어야만 한다.

시세 파악은 크게 두 가지 단계를 거치면 좋다. 첫 번째 단계는 손품을 파는 단계(인터넷, 모바일 활용)이고, 두 번째 단계는 발품을 파는 단계(공인중개사사무소 활용)이다.

우선 제1단계인 손품을 파는 단계를 살펴보자. 참고로 할 만한 사이트와 앱은 여러 개가 있다. 아무래도 우리나라가 인터넷과 모바일 강국이다 보니 인터넷과 모바일을 기반으로 한 각종 정보 제공이 활발하게 이루어지고 있다. 인터넷 사이트에서 필자가 시세 파악을 위해 활용하는 곳은 KB부동산 리브온(onland.kbstar.com), 한국감정원(http://www.kab.co.kr)과 국토해양부 실거래가 사이트 (rt.molit.go.kr) 등이다.

한편, 시세를 확인하는 앱으로는 '직방', '호갱노노', '아파트 실거래가(아실)' 등이 있다. 틈날 때마다 부지런히 접속해 낙찰받으려는 지역의 주택, 평소 관심을 갖고 있는 지역의 전체적인 주택 가격 흐름 등에 대한 감을 키운다면 수익창출에 큰 도움이 될 것이다.

3. 시세 파악, 공인중개소를 활용하자

손품을 팔아 해당 주택이나 해당 지역 주택 시장의 흐름에 대한 감을 키운 상태라면 이제 최종적으로 보다 정확한 현장의 목소리에 귀 기울여야 할 단계가 되었다. 손품 팔기를 통해 수집된 자료들의 원천은 인터넷에서 공유되고 있는 자료들이다. 이 자료들은 자료 수집, 분석, 공개에 이르는 과정에서 크지는 않지만 무시하지 못할 수준의 시차가 존재한다. 더구나 낙찰받으려는 부동산과 관련된 직접적인 정보는 담지 못하는 경우도 비일비재하다.

보다 정확한 현장의 목소리를 듣기 위해서는 낙찰받으려는 부동산이 존재하는 지역의 공인중개소를 방문해 보자. 해당 부동산과 관계되는 매매 가격, 임대 가격 등에 대한 의견을 청취하고, 해당 지역의 주택 시장 흐름에 대한 정보도 정확히 파악하도록 한다. 그 과정을 통해 공인중개소와 친밀한 유대 관계를 구축함으로써 낙찰받은 후의 매매나 임대에 큰 도움을 받을 수도 있다.

공인중개소를 방문하여 의견을 구할 때 주의할 점은 솔직하게 방문 목적을 말하는 것이다. 간혹 목적을 밝히지 않은 채 이리저리 에두르며 정보를 구하려는 투자자들이 있다. 그렇게 해서 필요한 정보를 얻을 확률은 거의 0에 가깝다고 해도 무방하다. 공인중개소에는 부동산 경매에 참가하려는 투자자들이 자주 들러 정보를 구한다. 공인중개사들은 한마디만 들어도 경매에 참가하려는 사람인지, 매매를 의뢰하려는 고객인지를 파악한다. 솔직하게 방문 목적을 말하고 필요한 정보를 얻어야 한다. 이때 가장 우선적으로 파악해야 할 내용은 낙찰받은 후 매각에 소요되는 기간, 매각 금액, 매각에 따른 예상 세금, 적정 임대 가격 등이다.

공인중개소를 통해 얻어야 할 정보
- 매각에 소요될 것으로 예상되는 기간
- 예상 매각 가격
- 매각에 따른 세금
- 예상 임대 가격

마지막으로 노파심에서 말할 한 가지가 있다. 기왕에 현장 정보를 얻으려면 '가는 정이 있어야 오는 정이 있다'는 우리 속담을 기억해 활용해야 한다. 부동산 경매 참가자 입장에서 공인중개소에 들러 얻어야 할 정보는 수익 창출에 있어서도 가장 중요한 정보이다. 그런데도 아무런 대가 없이 정보만 얻으려는 투자자들이 너무 많다. 생각해 보라. 아무런 대가도 지불하지 않는 반갑지 않은 손님들을 상대해야 한다면 그 누가 좋겠는가! 공인중개소에 그냥 찾아가지 말고 음료나 간식거리라도 준비한다면 훈훈한 분위기 속에 원하는 정보를 충분히 얻을 가능성이 높다. 크지는 않아도 도서상품권이나 문화상품권도 종종 요긴하게 활용된다.

주택 경매 참가 :
제3단계 – 미래가치 분석

주택 경매를 통해 수익을 창출하는 투자자들은 대개 단기적 수익 창출에 보다 집중하는 것이 사실이다. 그동안 주택 시장의 흐름을 보면 단기적 수익 창출보다 투자가치가 높은 주택을 낙찰받아 실거주하거나, 임대 후 오랜 기간 보유한 경우가 수익 창출 측면에서 월등했다. 따라서 경매 입찰에 앞서 낙찰받으려는 주택의 미래가치를 꼼꼼하게 분석하는 과정이 반드시 필요하다.

1. 매수 목적은? :
임대 수익 창출 VS 매도를 통한 수익 창출

어쩔 수 없이 임대하는 경우를 종종 접하게 된다. 처분이 되지 않아서 '울며 겨자 먹기 식'으로 임대를 놓는다. 한편 낙찰받아서 조금 남기고 처분했는데 1년 후에 보니 가격이 지나치게 헐값이었다는 사실에 허탈해하는 투자자들도 어렵지 않게 접한다. 처음부터 정확한 시세 파악이나 미래가치에 대한 분석이 없었기 때문에 발생하는 현상들이다.

처음부터 매수 목적을 분명히 하고 낙찰받아야 한다. 사전에 미래가치에 대한 분석이 선행되어야 함은 물론이다. 만일 미래가치는 크지 않다고 분석되지만 수익 창출이 가능한 수준으로 충분히 하락한 매물을 낙찰받길 원한다면 낙찰 후 즉시 매도하는 전략을 수립하는 것이 타당하다. 욕심을 부리기보다는 자금 회전을 위해 수익이 적더라도 신속하게 처분해야 한다는 점을 잊지 말아야 한다.

현재 가격으로는 큰 수익을 기대하기는 어렵지만 미래가치가 좋아 가격 상승이 기대되는 주택을 낙찰받았다면 어떤 전략이 좋을까? 낙찰 후 즉시 매도하는 전략보다는 일정 기간을 보유하다 매도하는 전략이 유리하다.

2. 목표 보유 기간은?

목표 보유 기간 역시 낙찰받기 전에 반드시 고려해야 하는 요소이다. 목표 보유 기간은 매수 자금과 직접적으로 연결되기 때문이다. 예를 들어 경락 잔금을 대출받아 주택을 구입했다고 하자. 당연히 대출 이자 부담으로 인해 장기간 보유하기가 부담스럽다. 특히 부동산 시장이 침체기에 있다면 더더욱 부담 요인으로 작용하기 쉽다. 상황이 어렵게 되면 당초 목표 보유 기간을 채우지 못할뿐더러, 경우에 따라서는 손절매해야 하는 상황에 직면할 수도 있다. 돈 벌자고 시작한 경매가 오히려 돈을 까먹는 원인이 되는 것이다.

아무리 미래가치가 높다고 해도 지금 당장 견딜 여건이 되지 않는다면 한여름 밤의 장밋빛 꿈에 지나지 않는다. 현실적인 목표 보유 기간을 설정해야 한다. 미래가치가 높다고 예상되는 주택을 낙찰받기 원한다면 더더욱 그렇다. 물론 소요 자금 계획을 수립하는 단계에서부터 자금의 성격과 규모를 고려한 목표 보유 기간을 수립해야 할 것이다.

3. 재개발, 재건축 가능성은?

미래가치를 담보하는 가장 대표적이고 중요한 호재가 재개발과 재건축이었다. 통상 재개발이나 재건축이라는 호재가 발생하면 주택 가격이 상승했다. 하지만 이제는 재개발, 재건축이 무조건적으로 주택 가격 상승을 견인하는 호재 요인이라고 단정 짓기 어려운 시대가 되었다. 주택 수요가 끊임없이 있는 곳, 국토종합계획·수도권광역도시계획·도시기본계획 등에서 거점 지역으로 중요한 역할을 수행하리라 기대를 모으는 지역, 자족 기능이 뛰어난 지역 등 나름의 경쟁력이 있는 지역이 아니라면 재개발, 재건축에 따른 호재를 기대하기 어렵다고 보면 정확하다.

앞서 말한 나름의 경쟁력이 있는 지역은 낙찰경쟁률도 심하고 낙찰가격도 높아지는 추세이다. 이런 곳은 소액 투자자들이 접근하기에는 다소 무리가 따른다. 그렇다면 재개발이나 재건축 가능성이 있는 지역의 주택을 낙찰받는 것은 난망한 일일까? 전혀 그렇지 않다. 틈새를 노리면 충분히 가능하다. 현재 주변의 주거 환경이 열악하여 주택 수요가 없지만, 장기적인 측면에서 재개발, 재건축으로 환경이 변할 가능성이 있는 지역이라면 미래가치가 크게 상승할 지역인 만큼 틈새시장으로 적극 노려볼 필요가 있다.

4. 주택 수요가 꾸준한가?

주택 수요가 꾸준하게 있는 곳은 나름의 특징이 있다. 자족 기능, 교육 인프라, 쇼핑 편의 시설 등 좋은 조건들을 충족하는 지역에서 주택 수요는 꾸준하게 발생한다. 한편 인구와 가구 수의 증가가 발생하고 있는 지역도 주택 수요가 꾸준한 곳이다. 인구와 가구 수 관련 정보는 누구나 손쉽게 수집할 수 있는 데이터인 만큼 적극적으로 활용할 필요가 있다.

우리나라 전체 인구나 가구 수와 관련된 자료는 통계청 홈페이지에 접속하면 아주 상세하게 확인 가능하다. 각 시·군·구 홈페이지에 접속하면 낙찰받으려는 주택이 소재하는 시·군·구의 인구와 가구 수를 편리하게 확인할 수 있다. 낙찰받기 전에 반드시 확인하는 습관을 들이자.

5. 대중교통 환경 등 장기적 호재 요인은?

국토종합계획, 수도권광역도시계획, 도시기본계획, 대도시권 광역교통기본계획 등을 통해서 대중교통이 언제, 어느 지역으로, 어떤 형태로 확충되는지 개략적으로 파악할 수 있다. 각종 '계획 자료'를

활용해 낙찰받으려는 주택 주변에 대중교통 관련 호재 요인이 있
는지를 검토하는 과정은 미래가치를 고려한 낙찰 전략이다. 국토종
합계획에서는 향후 성장 거점을 철도, 지하철, 전철망을 중심으로
설정하고 있다. 대중교통, 특히 철도망을 중심으로 미래가치를 분
석하는 것은 성공을 보장하는 투자 전략이다.

7

Step 3
총정리

1. 주택임대차보호법에 따른 주택은
보증금 가운데 일정 금액을 최우선변제받는데,
그 요건은 다음과 같다.

[표 3-18] 소액임차인 최우선변제금액 기준

구분		해당 지역	최우선변제 대상 보증금 상한	최우선변제금액
주택의 임대차	1984. 1. 1~ 1987. 11. 30	직할시 이상	보증금 300만 원 이하	3백만 원까지
		그 밖의 지역	보증금 200만 원 이하	2백만 원까지
	1987. 12. 1~ 1990. 2. 18	직할시 이상	보증금 500만 원 이하	5백만 원까지
		그 밖의 지역	보증금 400만 원 이하	4백만 원까지
	1990. 2. 19~ 1995. 10. 18	직할시 이상	보증금 2천만 원 이하	7백만 원까지
		그 밖의 지역	보증금 1천5백만 원 이하	500만 원까지

주택의 임대차	1995. 10. 19~ 2001. 9. 14	광역시 이상(군 지역 제외)	보증금 3천만 원 이하	1천 2백만 원까지
		그 밖의 지역	보증금 2천만 원 이하	8백만 원까지
	2001. 9. 15~ 2008. 8. 20	수도권과밀억제권역	보증금 4천만 원 이하	1천 6백만 원까지
		광역시(군 지역 제외)	보증금 3천 5백만 원 이하	1천 4백만 원까지
		그 밖의 지역	보증금 3천만 원 이하	1천 2백만 원까지
	2008. 8. 21~ 2010. 7. 25	수도권과밀억제권역	보증금 6천만 원 이하	2천만 원까지
		광역시(군 지역 제외)	보증금 5천만 원 이하	1천 7백만 원까지
		그 밖의 지역	보증금 4천만 원 이하	1천 4백만 원까지
	2010.7.26.~ 2013.12.31	서울특별시	보증금 7천 5백만 원 이하	2천 5백만 원까지
		수도권과밀억제권역	보증금 6천 5백만 원 이하	2천 2백만 원까지
		광역시(군 지역 제외), 안산시, 용인시, 김포시 및 광주시	보증금 5천 5백만 원 이하	1천 9백만 원까지
		그 밖의 지역	보증금 4천만 원 이하	1천 4백만 원까지
	2014.1.1.~ 2016.3.30	서울특별시	보증금 9천 5백만 원 이하	3천 2백만 원 까지
		수도권과밀억제권역	보증금 8천만 원 이하	2천 7백만 원 까지
		광역시(군지역 제외), 안산시, 용인 시, 김포시 및 광주시	보증금 6천만 원 이하	2천만 원 까지
		그 밖의 지역	보증금 4천 5백만 원 이하	1천 5백만 원 까지
	2016.3.31.~ 2018.9.17	서울특별시	보증금 1억 원 이하	3천 4백만 원 까지
		수도권과밀억제권역	보증금 8천만 원 이하	2천 백만 원 까지
		광역시(군지역 제외), 세종, 안산시, 용인시, 김포시 및 광주시	보증금 6천만 원 이하	2천만 원 까지
		그 밖의 지역	보증금 5천만 원 이하	1천 7백만 원 까지
	2018.9.18.~	서울특별시	보증금 1억 1천만 원 이하	3천 7백만 원 까지
		수도권과밀억제권역 (용인, 세종, 화성포함)	보증금 1억원 이하	3천 4백만 원 까지
		광역시(군지역 제외) 안산시, 용인시, 김포시 및 광주시	보증금 6천만 원 이하	2천만 원 까지
		그 밖의 지역 (광역시 군포함)	보증금 5천만 원 이하	1천 7백만 원 까지

2. 대항력 있는 선순위 임차인

1) 확정일자 있으면서 배당요구 ○ : 정상적인 권리분석 후 입찰 참가

2) **확정일자 있으면서 배당요구 ×** : 임차인을 인수해야 하므로 충분히 유찰될 때까지 기다렸다가 입찰 참가

3) **확정일자가 없는 경우** : 인수해야 한다고 보고 충분히 유찰될 때까지 기다렸다 입찰 참가

4) **확정일자의 순위가 늦지만 배당요구한 경우** : 임차인이 배당받지 못해 낙찰자가 인수해야 할 금액을 고려하여 입찰 참가

3. 매각으로 소멸하지 않는 권리가 없다면 대항력 없는 후순위 임차인은 권리분석 측면에서 걱정할 필요가 없다.

4. 다수의 소액임차인에 대한 안분배당

낙찰가액의 50% × (소액임차인 각각의 최우선변제금/소액임차인 최우선변제금 총계)

5. 배당 순서

배당 순서

1순위 : 경매비용

2순위 : 소액임차인 최우선변제, 최종 3개월분의 임금, 최종 3년분의 퇴직금, 재해 보상금

3순위 : 당해세(국세 중 상속세, 증여세, 자산재평가세, 지방세 중 재산세, 자동차세, 도시계획세 등)

4순위 : 각종 물권과 확정일자부 임차인 등 권리 성립 순서에 따른 순위배당

5순위 : 최종 3개월분 임금을 제외한 일반 임금 채권

6순위 : 담보물권보다 후순위인 조세 채권

7순위 : 4대 보험료 및 공과금

8순위 : 일반 채권

6. 채권이 선순위이면 후순위 권리자들과
각각의 채권액에 비례한 안분배당을 실시한다.
물권이 있다면 안분배당 이후 자신의 금액이
만족될 때까지 해당 물권의 후순위에
배당된 금액을 흡수배당한다.

Step 4

경매로
수익성 부동산
구입하기

상가건물임대차보호법 :
적용 범위

부동산 경매물건 중에서 수익성 부동산의 하나인 상가건물을 낙찰받길 원한다면 우선 '상가건물임대차보호법'에 대한 이해가 선행되어야 한다. 경매에 막 입문하는 초보자들에게는 주택임대차보호법과 마찬가지로 상가건물임대차보호법에 대한 이해가 무척 중요하다. 상가건물임대차보호법은 '상가건물 임대차에 관하여 민법에 대한 특례를 규정하여 국민 경제생활의 안정을 보장함을 목적'으로 하고 있기 때문에 상가건물 임대차에 있어 기본 중의 기본이다.

임대 수익 하면 가장 먼저 떠오르는 것이 바로 상가이다. 신중하게 구입하기만 하면 상가만큼 확실한 임대 수익을 창출하는 부동산도 드물다. 그래선지 경매로 상가를 구입하려는 사람들이 적지 않다. 사실 막상 경매로 상가를 구입하려고 하면 골치가 아프다. 시세보다 저렴하게 구입한다는 장점이 있는 반면 의외로 쓸 만한 물건이 적다. 물론 쓸 만한 물건이 적다는 의미를 경매로 처분되는 상가들의 가치가 떨어진다는 것으로 받아들이면 곤란하다. 경매의 특성상 원하는 시기에 낙찰받으려는 사람에게 딱 들어맞는 상가를 찾기 어렵다는 뜻이다. 경매물건 중에 자신이 찾는 상가가 있는지 꾸준히 관심을 갖고 검색해야 할 필요가 있다.

경매로 상가 구입의 장점 : 시세보다 저렴	경매로 상가 구입의 단점 : 쓸 만한 물건이 적음

지금부터 상가건물임대차보호법 중 부동산 경매를 위해 꼭 알아 두어야 할 주요 법 조항들을 살펴보자.

1. 상가건물임대차보호법의 적용 범위

〈상가건물임대차보호법 제2조〉 적용범위

① 이 법은 상가건물(제3조제1항에 따른 사업자등록의 대상이 되는 건물을 말한다)의 임대차(임대차 목적물의 주된 부분을 영업용으로 사용하는 경우를 포함한다)에 대하여 적용한다. 다만, **대통령령으로 정하는 보증금액을 초과하는 임대차**에 대하여는 그러하지 아니하다.

② 제1항 단서에 따른 보증금액을 정할 때에는 해당 지역의 경제 여건 및 임대차 목적물의 규모 등을 고려하여 지역별로 구분하여 규정하되, 보증금 외에 차임이 있는 경우에는 그 차임액에 「은행법」에 따른 은행의 대출금리 등을 고려하여 대통령령으로 정하는 비율을 곱하여 환산한 금액을 포함하여야 한다.

③ 제1항 단서에도 불구하고 제3조, 제10조제1항, 제2항, 제3항 본문, 제10조의2부터 제10조의8까지의 규정 및 제19조는 제1항 단서에 따른 보증금액을 초과하는 임대차에 대하여도 적용한다.

상가건물임대차보호법에 따른 보호를 받기 위해서는 세법(법인세법, 소득세법, 부가가치세법)에 따른 사업자등록의 대상이 되는 상가건물이어야 한다. 이를 기초로 볼 때 사업자등록의 대상이 되지 않는 비영리단체는 동법의 대상이 될 수 없다(동창회, 교회 등).

세법에 따른 사업자등록의 대상이 되는 건물이어야 한다는 규정은 곧 영리 행위를 목적으로 하는 임차인이어야 보호 대상이 된다는 의미이다. 하지만 영리 행위를 목적으로 하는 임차인이라도 상가건물임대차보호법의 적용을 받지 못하는 경우가 있다.

우선 상가건물도 주택처럼 제3자에 대한 대항력을 갖추지 못하면 상가건물임대차보호법의 보호를 받지 못한다. 임차인이 건물을 점유하고 사업자등록을 신청해야 제3자에 대한 대항력이 생긴다.

지역에 따라 정해진 보증금액을 넘어서는 임대차도 동법의 적용을 온전히 받지 못한다. 서울은 9억 원, '수도권정비계획법'에 따른 과밀억제권역(서울특별시는 제외한다) 및 부산광역시는 6억 9천만 원, 광역시('수도권정비계획법'에 따른 과밀억제권역에 포함된 지역과 군지역 부산광역시는 제외) · 세종특별자치시 · 파주시 · 화성시 · 안산시 · 용인시 · 김포시 및 광주시는 5억 4천만 원, 그 밖의 지역은 3억 7천만 원이 현재 기준 금액이다.

보증금 외의 차임이 있으면 월 단위 차임(월세)으로 하여 일정 비율을 곱한 뒤 보증금액에 더한 환산보증금으로 계산한다. 대항력을 갖췄다고 해도 환산보증금이 기준을 초과하면 상가건물임대차보호법에 따른 '우선변제권', '임차권등기 명령'을 할 수 없고, 묵시적 갱신의 경우 상가건물 임대차보호법이 아닌 민법이 적용되며, 임대인의 임대료 증액청구 상한제한 적용이 배제된다. 따라서 환산보증금에 대한 개념을 정확히 파악하고 있어야 한다.

현재의 환산보증금 계산은 월세에 100을 곱해 원래 보증금에 더하는 방식이다. 상가건물임대차보호법에 따라 온전히 보호받을 수 있는지를 결정하는 중요한 개념이므로 반드시 알아두어야 한다.

환산보증금 = 보증금 + (월세 × 100)

연습 문제를 통해 환산보증금을 계산해 보자.

[연습 ①]

서울특별시 강남구 역삼동에 있는 건물을 임차해 편의점을 운영하려고 한다. 최우선씨는 자신이 '상가건물임대차보호법'을 적용받을 수 있는지가 궁금하다. 건물의 임차조건은 보증금 1억 원에 월세 400만 원 이고 현재 건물에는 융자나 기타 제한사항이 하나 없는 깨끗한 상태이다.

환산보증금 = 보증금 + (월세 × 100)
= 1억 원 + (400만 원 × 100)
= 5억 원

2020년 2월 28일 현재 서울특별시에서 상가건물임대차보호법을 적용받기 위해서는 환산보증금이 9억 원 이하여야 하는데 최우선씨의 환산보증금은 5억 원 이므로 상가건물임대차보호법의 적용대상이 된다.

서울특별시를 기준으로 환산보증금을 계산해 보았다. 문제는 환산보증금은 지역에 따라, 최선순위 근저당권의 설정일이 언제인지에 따라 서로 다르다는 점이다. 지역과 최초 근저당권 설정일에 따라 어떻게 환산보증금이 차이가 나는지 알아보자.

[표4-1] 상가건물임대차보호법 보호 기준

	지역	환산 보증금
2002. 11.1~ 2008. 8. 20	서울특별시	2억 4천만 원 이하
	과밀억제권역(서울특별시 제외)	1억 9천만 원 이하
	광역시(군지역과 인천광역시 제외)	1억 5천만 원 이하
	기타지역	1억 4천만 원 이하
2008. 8. 21~ 2010. 7. 25	서울특별시	2억 6천만 원 이하
	과밀억제권역(서울특별시 제외)	2억 1천만 원 이하
	광역시(군지역과 인천광역시 제외)	1억 6천만 원 이하
	기타지역	1억 5천만 원 이하
2010. 7. 26~ 2013. 12. 31	서울특별시	3억 원 이하
	과밀억제권역(서울특별시 제외)	2억 5천만 원 이하
	광역시(군지역과 인천광역시 제외), 안산시, 용인시, 김포시 및 광주시	1억 8천만 원 이하
	기타지역	1억 5천만 원 이하
2014. 1. 1~ 2018. 1. 25	서울특별시	4억 원 이하
	과밀억제권역(서울특별시 제외)	3억 원 이하
	광역시(군지역, 인천광역시 제외), 안산시, 용인시, 김포시 및 광주시	2억 4천만 원 이하
	기타지역	1억 8천만 원 이하
2018. 1. 26~ 2019. 4. 1	서울특별시	6억 1천만 원 이하
	수도권과밀억제권역(서울특별시 제외) 및 부산광역시	5억 원 이하
	광역시(군지역, 인천광역시, 부산광역시 제외), 세종특별자치시, 파주시, 화성시, 안산시, 용인시, 김포시 및 광주시	3억 9천만 원 이하
	기타지역	2억 7천만 원 이하
2019. 4. 2~	서울특별시	9억 원 이하
	수도권과밀억제권역(서울특별시 제외) 및 부산광역시	6억 9천만 원 이하
	광역시(군지역, 인천광역시, 부산광역시 제외), 세종특별자치시, 파주시, 화성시, 안산시, 용인시, 김포시 및 광주시	5억 4천만 원 이하
	기타지역	3억 7천만 원 이하

    [표 4-1]은 상가건물임대차보호법 제정 당시부터 현재까지 환산보증금 기준이 어떻게 변화해 왔는지를 보여 준다. [표 4-1]을 보

고 궁금한 점은 없는가? [표 4-1]의 환산보증금 기준을 보면 시작 시점이 2002년 11월 1일이다. 그 이전 시기의 환산보증금은 어떻게 될까? '환산보증금을 따질 필요가 없다'가 정답이다. 무슨 말이냐 하면, 2002년 11월 1일 이전에 이미 근저당권이 설정된 상가건물은 상가건물임대차보호법의 적용 대상이 아니라는 뜻이다.

[연습 ②]

최나중씨는 2020년 3월 말 서울특별시 강남구 역삼동에 있는 건물을 임차해 커피전문점을 운영하려고 하는데 자신이 '상가건물임대차보호법'을 적용받을 수 있는지가 궁금하다. 건물의 임차조건은 보증금 1억 원에 월세 450만 원 이고 현재 건물에는 2001년 5월 1일 국민은행의 근저당권 (채권최고액 5억 6천만 원)이 설정되어 있는 상태이다. 최나중씨는 보호를 받을 수 있을까?

환산보증금 = 보증금 + (월세 × 100)
        = 1억 원 + (450만 원 × 100)
        = 5억 5천만 원

2020년 3월 31일 기준 서울특별시에서 '상가건물임대차보호법'을 적용받기 위한 환산보증금 기준은 9억 원 이하여야 하는데 최나중씨의 환산보증금은 5억 5천만 원 이므로 '상가건물임대차보호법'의 적용대상이 되는 것처럼 보인다. 그러나 최초 근저당권 설정일이 '상가건물임대차보호법' 시행이전 이므로 이 법에 따라 보호를 받을 수 없다.

또 다른 연습 문제를 풀어 봄으로써 환산보증금에 대한 개념을 확인하자.

\ [연습 ③]

2020년 3월 말 김별해 씨는 인천광역시 연수구 연수동에 있는 건물을 임차해 편의점을 운영하려고 한다. 김별해 씨는 자신이 '상가건물임대차보호법'을 적용받을 수 있는지가 궁금하다. 건물의 임차 조건은 보증금 3천만 원에 월세 180만 원이고, 현재 건물에는 2009년 7월 8일 국민은행의 근저당권(채권최고액 2억 4천만 원)이 설정되어 있는 상태이다.

환산보증금 = 보증금 + (월세 × 100)
= 3천만 원 + (180만 원 × 100)
= 2억 1천만 원

최초 근저당권 설정일은 2009년 7월 8일 기준 인천광역시에서 '상가건물임대차보호법'을 적용받기 위해서는 환산보증금이 2억 5천만 원 이하여야 하는데 특별해씨의 환산보증금은 2억 1천만 원 이므로 '상가건물임대차보호법'의 적용대상이 된다. 따라서 이 법에 따라 보호를 받을 수 있다.

상가건물임대차보호법 :
대항력 등

　　상가건물임대차보호법도 주택임대차보호법과 마찬가지로 제 3자에 대한 임차인의 대항력이라는 제도적 안전장치를 마련해 두었다. 주거 안정처럼 일종의 생계 안정을 도모하려는 취지의 장치이다. 상가건물의 대항력은 '점유'와 '사업자등록' 신청이며, 효력은 그 다음 날 0시부터 발생한다.

　　상가건물임대차보호법이 약소 자영업자를 보호하기 위한 법적 장치라는 긍정적인 측면은 나름 평가할 만하다. 하지만 소액 최우선 변제를 받기 위한 조건을 순수한 보증금이 아닌 환산보증금을 기준으로 판단하고 있어 약소 자영업자의 보호에 미흡하다는 점은 분명

아쉬운 부분이다. 그럼 지금부터 상가건물임대차보호법에서 규정하고 있는 대항력은 과연 어떤 내용인지 관련된 내용을 살펴보자.

1. 대항력

〈상가건물임대차보호법 제3조〉 대항력 등

① 임대차는 그 등기가 없는 경우에도 임차인이 건물의 인도와 「부가가치세법」 제8조, 「소득세법」 제168조 또는 「법인세법」 제111조에 따른 사업자등록을 신청하면 그 다음 날부터 제3자에 대하여 효력이 생긴다.

② 임차건물의 양수인(그 밖에 임대할 권리를 승계한 자를 포함한다)은 임대인의 지위를 승계한 것으로 본다.

③ 이 법에 따라 임대차의 목적이 된 건물이 매매 또는 경매의 목적물이 된 경우에는 「민법」 제575조제1항·제3항 및 제578조를 준용한다.

④ 제3항의 경우에는 「민법」 제536조를 준용한다.

상가건물임대차보호법에 따라 보호를 받기 위해서는 환산보증금이 기준을 초과하지 않으면서 대항력(대항요건)을 구비해야 한다는 점은 이미 언급한 바 있다. 그렇다면 대항력이란 무엇인가? 혹시 주택임대차보호법에서 규정하고 있는 대항요건과 동일한가?

그렇다. 개념상으로는 똑같다. 다만 주택임대차보호법의 대항 요건은 점유와 전입신고이고, 상가건물임대차보호법에서는 건물의 인도와 사업자등록이라는 차이만 있을 뿐이다.

상가건물은 점유와 사업자등록을 신청하면 그 다음 날부터 제3자에 대하여 대항할 수 있는 효력이 발생한다. 대항력이 있으면 설사 소유권자가 변동되더라도 바뀐 소유권자(건물주)에게 임차권을 주장할 수 있고, 잔여 임대차 기간 동안 영업 행위를 할 수 있으며, 임대차 기간 만료 후에는 보증금을 반환받을 수 있다. 물론 대항력을 확보한 상가건물의 임차인이라 해도 선순위 근저당권자에게는 대항하지 못한다. 주택임대차보호법과 동일하다는 점을 기억해 두자.

2. 등록사항 등의 열람·제공

〈상가건물임대차보호법 제4조〉 확정일자 부여 및 임대차정보의 제공 등
① 제5조제2항의 확정일자는 상가건물의 소재지 관할 세무서장이 부여한다.
② 관할 세무서장은 해당 상가건물의 소재지, 확정일자 부여일, 차임 및 보증금 등을 기재한 확정일자부를 작성하여야 한다. 이 경우 전산정보처리조직을 이용할 수 있다.
③ 상가건물의 임대차에 이해관계가 있는 자는 관할 세무서장에게

해당 상가건물의 확정일자 부여일, 차임 및 보증금 등 정보의 제공을 요청할 수 있다. 이 경우 요청을 받은 관할 세무서장은 정당한 사유 없이 이를 거부할 수 없다.

④ 임대차계약을 체결하려는 자는 임대인의 동의를 받아 관할 세무서장에게 제3항에 따른 정보제공을 요청할 수 있다.

⑤ 확정일자부에 기재하여야 할 사항, 상가건물의 임대차에 이해관계가 있는 자의 범위, 관할 세무서장에게 요청할 수 있는 정보의 범위 및 그 밖에 확정일자 부여사무와 정보제공 등에 필요한 사항은 대통령령으로 정한다..

건물의 임대차에 이해관계가 있는 사람은 해당 건물 소재지 관할 세무서에서 임대인과 임차인의 성명·주소·주민등록번호, 건물의 소재지, 임대차 목적물과 면적, 사업자등록 신청일, 사업자등록 신청일 당시의 보증금 및 차임, 임대차 기간, 임대차계약서에 확정일자를 받은 날 등 각종 정보를 열람할 수 있다. 현실적으로 해당 정보를 열람하기는 대단히 어려운 편이다. 열람 및 제공 요청이 가능한 이해관계인을 임대인, 임차인, 근저당 설정권자 등으로 제한하고 있어 경매 입찰 참가자는 열람할 수 없다. 결국 철저한 현장 답사만이 안전하게 수익을 확보하는 지름길이다.

상가건물임대차보호법 :
보증금의 회수와 보증금 중 일정액의 보호 등

상가건물임대차보호법의 목적은 결국 영세 상공인을 보호하는 데 있다. 아무리 제도적 장치를 만들어도 임차인인 영세 상공인들이 임대인인 건물주에게 보증금으로 지불한 금원을 현실적으로 안전하게 반환받지 못한다면 의미가 없다. 상가건물임대차보호법은 임차인인 영세 상공인들이 최소한의 보증금이라도 보호받아 경제적으로 길거리에 나앉아야 하는 최악의 상황만은 막기 위해 일정한 요건을 갖춘 상가보증금 중 일정 금액을 최우선변제받도록 규정하고 있다. 역시 주택임대차보호법의 규정과 비슷한 맥락이라고 보면 된다.

상가건물임대차보호법에 의한 최우선변제가능금액은 낙찰가

액의 1/2를 한도로 하고 있다. 규모가 큰 상가건물에 입점해 있는 임차인들의 보호에 도움이 될 수 있다. 그럼에도 개선의 여지가 적지 않다. 대표적으로 최우선변제의 기준을 환산보증금으로 따진다는 점이다.

1. 보증금의 회수

〈상가건물임대차보호법 제5조〉 보증금의 회수

① 임차인이 임차건물에 대하여 보증금반환청구소송의 확정판결, 그 밖에 이에 준하는 집행권원에 의하여 경매를 신청하는 경우에는 「민사집행법」 제41조에도 불구하고 반대 의무의 이행이나 이행의 제공을 집행개시의 요건으로 하지 아니한다.

② 제3조제1항의 대항요건을 갖추고 관할 세무서장으로부터 임대차 계약서상의 확정일자를 받은 임차인은 「민사집행법」에 따른 경매 또는 「국세징수법」에 따른 공매 시 임차건물(임대인 소유의 대지를 포함한다)의 환가대금에서 후순위권리자나 그 밖의 채권자보다 우선하여 보증금을 변제받을 권리가 있다.

③ 임차인은 임차건물을 양수인에게 인도하지 아니하면 제2항에 따른 보증금을 받을 수 없다.

④ 제2항 또는 제7항에 따른 우선변제의 순위와 보증금에 대하여 이의가 있는 이해관계인은 경매법원 또는 체납처분청에 이의를 신청할 수 있다. 〈개정 2013. 8. 13.〉

⑤ 제4항에 따라 경매법원에 이의를 신청하는 경우에는 「민사집행법」 제152조부터 제161조까지의 규정을 준용한다.

⑥ 제4항에 따라 이의신청을 받은 체납처분청은 이해관계인이 이의 신청일부터 7일 이내에 임차인 또는 제7항에 따라 우선변제권을 승계한 금융기관 등을 상대로 소(訴)를 제기한 것을 증명한 때에 는 그 소송이 종결될 때까지 이의가 신청된 범위에서 임차인 또는 제7항에 따라 우선변제권을 승계한 금융기관 등에 대한 보증금의 변제를 유보(留保)하고 남은 금액을 배분하여야 한다. 이 경우 유 보된 보증금은 소송 결과에 따라 배분한다.

⑦ 다음 각 호의 금융기관 등이 제2항, 제6조제5항 또는 제7조제1항에 따른 우선변제권을 취득한 임차인의 보증금반환채권을 계약으로 양수한 경우에는 양수한 금액의 범위에서 우선변제권을 승계한다.

1. 「은행법」에 따른 은행
2. 「중소기업은행법」에 따른 중소기업은행
3. 「한국산업은행법」에 따른 한국산업은행
4. 「농업협동조합법」에 따른 농협은행
5. 「수산업협동조합법」에 따른 수협은행
6. 「우체국예금·보험에 관한 법률」에 따른 체신관서
7. 「보험업법」 제4조제1항제2호라목의 보증보험을 보험종목으로 허가받은 보험회사
8. 그 밖에 제1호부터 제7호까지에 준하는 것으로서 대통령령으로 정하는 기관

⑧ 제7항에 따라 우선변제권을 승계한 금융기관 등(이하 "금융기관 등"이라 한다)은 다음 각 호의 어느 하나에 해당하는 경우에는 우 선변제권을 행사할 수 없다.

1. 임차인이 제3조제1항의 대항요건을 상실한 경우
2. 제6조제5항에 따른 임차권등기가 말소된 경우
3. 「민법」제621조에 따른 임대차등기가 말소된 경우
⑨ 금융기관등은 우선변제권을 행사하기 위하여 임차인을 대리하거나 대위하여 임대차를 해지할 수 없다.

대항요건(점유+사업자등록)을 갖추고 관할 세무서에서 임대차계약서에 확정일자를 받은 임차인은 건물이 경매에 넘어가게 되더라도 후순위 권리자나 채권자들에 비해 우선하여 보증금을 변제받을 권리가 있다. [표 4-2]와 같은 경우 임차인은 근저당권이나 가등기, 가압류권자에 비해 우선하여 배당받는다.

[표 4-2] 우선변제를 받는 임차인

보증금의 회수와 관련된 상가건물임대차보호법의 핵심은 은행, 중소기업은행, 한국산업은행, 농협은행, 수협은행, 체신관서, 보증보험을 보험종목으로 허가받은 보험회사, 기타 이와 준하는 것으로 대

통령령으로 정하는 기관 등이 양수한 '임차인의 우선변제권'은 승계된다는 점을 들 수 있다. 금융기관 등이 대항력을 확보한 상가건물의 임차권을 임차인으로부터 우선변제권을 포함해 양수받을 수 있도록 한 것인데 분명 상가 임대보증금을 담보로 한 대출 활성화를 염두에 둔 포석이라고 볼 수 있다.

임차인이 대항력을 취득하거나, 임차권등기명령의 집행에 따른 임차권등기를 마치거나, 건물임대차등기가 완료되어 우선변제권을 취득한 임차인의 보증금반환채권을 금융 기관 등이 계약으로 양수한 경우에는 양수한 금액의 범위에서 우선변제권을 승계한다. 다만 금융 기관 등이 우선변제권을 행사하기 위하여 임차인을 대리하거나 대위하여 임대차를 해지할 수 없도록 했다. 채권의 회수를 위해 금융 기관 등이 무분별하게 임대차계약을 해지하는 상황을 방지하기 위한 제도적 장치이다.

2. 보증금 중 일정액의 보호

〈상가건물임대차보호법 제14조〉 보증금 중 일정액의 보호
① 임차인은 보증금 중 일정액을 다른 담보물권자보다 우선하여 변제받을 권리가 있다. 이 경우 임차인은 건물에 대한 경매신청의

등기 전에 제3조제1항의 요건을 갖추어야 한다.

② 제1항의 경우에 제5조제4항부터 제6항까지의 규정을 준용한다.

③ 제1항에 따라 우선변제를 받을 임차인 및 보증금 중 일정액의 범위와 기준은 임대건물가액(임대인 소유의 대지가액을 포함한다)의 3분의 1 범위에서 해당 지역의 경제 여건, 보증금 및 차임 등을 고려하여 대통령령으로 정한다.

상가임차인이 상가건물임대차보호법에 따라 다른 담보물권자에 비해 경매 절차에서 우선하여 보증금을 회수하기 위해서는 먼저 대항요건(대항력)인 점유와 사업자등록을 갖추고 확정일자를 받아야 한다. 또한 대항력을 갖추고 보증금이 일정금액 이하인 상가임차인은 낙찰가액의 1/2 범위 내에서 최우선 변제를 받을 수 있다.

현재 상가건물임대차보호법에 따른 보증금액 중 일정금액 보호와 관련된 내용들은 2019년 4월 2일 이후부터 적용되고 있는 것이다. 그렇다면 상가건물임대차보호법이 제정된 직후부터 2019년 4월 2일까지는 어떤 기준에 따라 우선변제를 받을까? 알기 쉽게 정리한 [표4-3]를 참고하자.

[표4-3] 상가건물임대차보호법의 소액 최우선변제 기준

	지역	환산 보증금	보증금	소액최우선
2002. 11.1~ 2008. 8. 20	서울특별시	2억 4천만 원 이하	4,500만 원 이하	1,350만 원
	과밀억제권역(서울특별시 제외)	1억 9천만 원 이하	3,900만 원 이하	1,170만 원
	광역시(군지역과 인천광역시 제외)	1억 5천만 원 이하	3,000만 원 이하	900만 원
	기타지역	1억 4천만 원 이하	2,500만 원 이하	750만 원
2008. 8. 21~ 2010. 7. 25	서울특별시	2억 6천만 원 이하	4,500만 원 이하	1,350만 원
	과밀억제권역(서울특별시 제외)	2억 1천만 원 이하	3,900만 원 이하	1,170만 원
	광역시(군지역과 인천광역시 제외)	1억 6천만 원 이하	3,000만 원 이하	900만 원
	기타지역	1억 5천만 원 이하	2,500만 원 이하	750만 원
2010. 7. 26~ 2013. 12. 31	서울특별시	3억 원 이하	5,000만 원 이하	1,500만 원
	과밀억제권역(서울특별시 제외)	2억 5천만 원 이하	4,500만 원 이하	1,350만 원
	광역시(군지역과 인천광역시 제외), 안산시, 용인시, 김포시 및 광주시	1억 8천만 원 이하	3,000만 원 이하	900만 원
	기타지역	1억 5천만 원 이하	2,500만 원 이하	750만 원
2014. 1. 1~ 2018. 1. 25	서울특별시	4억 원 이하	6,500만 원 이하	2,200만 원
	과밀억제권역(서울특별시 제외)	3억 원 이하	5,500만 원 이하	1,900만 원
	광역시(군지역, 인천광역시 제외), 안산시, 용인시, 김포시 및 광주시	2억 4천만 원 이하	3,800만 원 이하	1,300만 원
	기타지역	1억 8천만 원 이하	3,000만 원 이하	1,000만 원
2018. 1. 26~ 2019. 4. 1	서울특별시	6억 1천만 원 이하	6,500만 원 이하	2,200만 원
	수도권과밀억제권역(서울특별시 제외) 및 부산광역시	5억 원 이하	5,500만 원 이하	1,900만 원
	광역시(군지역, 인천광역시, 부산광역시 제외), 세종특별자치시, 파주시, 화성시, 안산시, 용인시, 김포시 및 광주시	3억 9천만 원 이하	3,800만 원 이하	1,300만 원
	기타지역	2억 7천만 원 이하	3,000만 원 이하	1,000만 원
2019. 4. 2~	서울특별시	9억 원 이하	6,500만 원 이하	2,200만 원
	수도권과밀억제권역(서울특별시 제외) 및 부산광역시	6억 9천만 원 이하	5,500만 원 이하	1,900만 원
	광역시(군지역, 인천광역시, 부산광역시 제외), 세종특별자치시, 파주시, 화성시, 안산시, 용인시, 김포시 및 광주시	5억 4천만 원 이하	3,800만 원 이하	1,300만 원
	기타지역	3억 7천만 원 이하	3,000만 원 이하	1,000만 원

3. 임차권등기명령

〈상가건물임대차보호법 제6조〉 임차권등기명령

① 임대차가 종료된 후 보증금이 반환되지 아니한 경우 임차인은 임차건물의 소재지를 관할하는 지방법원, 지방법원지원 또는 시·군법원에 임차권등기명령을 신청할 수 있다.

② 임차권등기명령을 신청할 때에는 다음 각 호의 사항을 기재하여야 하며, 신청 이유 및 임차권등기의 원인이 된 사실을 소명하여야 한다.

1. 신청 취지 및 이유

2. 임대차의 목적인 건물(임대차의 목적이 건물의 일부분인 경우에는 그 부분의 도면을 첨부한다)

3. 임차권등기의 원인이 된 사실(임차인이 제3조제1항에 따른 대항력을 취득하였거나 제5조제2항에 따른 우선변제권을 취득한 경우에는 그 사실)

4. 그 밖에 대법원규칙으로 정하는 사항

③ 임차권등기명령의 신청에 대한 재판, 임차권등기명령의 결정에 대한 임대인의 이의신청 및 그에 대한 재판, 임차권등기명령의 취소신청 및 그에 대한 재판 또는 임차권등기명령의 집행 등에 관하여는 「민사집행법」 제280조제1항, 제281조, 제283조, 제285조, 제286조, 제288조제1항·제2항 본문, 제289조, 제290조제2항 중 제288조제1항에 대한 부분, 제291조, 제293조를 준용한다. 이 경우 "가압류"는 "임차권등기"로, "채권자"는 "임차인"으로, "채무자"는 "임대인"으로 본다.

④ 임차권등기명령신청을 기각하는 결정에 대하여 임차인은 항고

할 수 있다.

⑤ 임차권등기명령의 집행에 따른 임차권등기를 마치면 임차인은 제
3조제1항에 따른 대항력과 제5조제2항에 따른 우선변제권을 취득
한다. 다만, 임차인이 임차권등기 이전에 이미 대항력 또는 우선변
제권을 취득한 경우에는 그 대항력 또는 우선변제권이 그대로 유
지되며, 임차권등기 이후에는 제3조제1항의 대항요건을 상실하더
라도 이미 취득한 대항력 또는 우선변제권을 상실하지 아니한다.

⑥ 임차권등기명령의 집행에 따른 임차권등기를 마친 건물(임대차의
목적이 건물의 일부분인 경우에는 그 부분으로 한정한다)을 그 이
후에 임차한 임차인은 제14조에 따른 우선변제를 받을 권리가 없다.

⑦ 임차권등기의 촉탁, 등기관의 임차권등기 기입 등 임차권등기명령
의 시행에 관하여 필요한 사항은 대법원규칙으로 정한다.

⑧ 임차인은 제1항에 따른 임차권등기명령의 신청 및 그에 따른 임차
권등기와 관련하여 든 비용을 임대인에게 청구할 수 있다.

⑨ 금융기관등은 임차인을 대위하여 제1항의 임차권등기명령을 신
청할 수 있다. 이 경우 제3항·제4항 및 제8항의 "임차인"은 "금융
기관등"으로 본다.

주택 임대차와 마찬가지로 상가건물 임대차가 종료된 후 보증
금을 반환받지 못한 임차인은 임차한 건물의 소재지 관할 지방법원
이나 지방법원지원 또는 시·군 법원에 임차권등기명령을 신청할 수
있다. 임차권등기명령에 의해 임차권 등기가 이루어지면 임차인은
대항력 및 확정일자부 우선변제권을 취득한다. 다만 임차인이 임

차권등기 이전에 이미 대항력 또는 우선변제권을 취득한 경우에는 그 대항력 또는 우선변제권은 그대로 유지되고, 임차권등기 이후에는 대항요건을 상실해도 기존의 대항력 또는 우선변제권은 그대로 유지된다. 임차권등기명령을 마친 건물을 임차한 임차인은 최우선변제를 받을 권리가 없다는 점은 따로 기억하자.

4. 경매로 인한 임차권의 소멸

〈상가건물임대차보호법 제8조〉 경매에 의한 임차권의 소멸
임차권은 임차건물에 대하여 「민사집행법」에 따른 경매가 실시된 경우에는 그 임차건물이 매각되면 소멸한다. 다만, 보증금이 전액 변제되지 아니한 대항력이 있는 임차권은 그러하지 아니하다.

상가건물의 임차권은 '민사집행법'에 따른 경매로 매각이 되면 소멸하게 된다. 단, 보증금을 전액 돌려받지 못한 대항력 있는 임차인은 예외이다. 당연하다. 대항력이 있으니까.

5. 임대차 기간 등

〈상가건물임대차보호법 제9조〉 임대차기간 등
① 기간을 정하지 아니하거나 기간을 1년 미만으로 정한 임대차는 그 기간을 1년으로 본다. 다만, 임차인은 1년 미만으로 정한 기간이 유효함을 주장할 수 있다.
② 임대차가 종료한 경우에도 임차인이 보증금을 돌려받을 때까지는 임대차 관계는 존속하는 것으로 본다.

상가건물 임대차 기간은 당사자의 계약에 따르지만, 기간을 1년 미만으로 정하거나 기간을 정하지 않은 임대차는 1년으로 규정하고 있다. 경제적 약자인 임차인을 보호하기 위한 취지로, 약자인 임차인이 1년 미만으로 정한 기간의 유효함을 주장한다면 이는 인정된다. 주택임대차보호법과 마찬가지로 이 규정 역시 편면적 강행 규정이기 때문이다.

6. 계약갱신 요구 등

〈상가건물임대차보호법 제10조〉 계약갱신 요구 등

① 임대인은 임차인이 임대차기간이 만료되기 6개월 전부터 1개월 전까지 사이에 계약갱신을 요구할 경우 정당한 사유 없이 거절하지 못한다. 다만, 다음 각 호의 어느 하나의 경우에는 그러하지 아니하다.

1. 임차인이 3기의 차임액에 해당하는 금액에 이르도록 차임을 연체한 사실이 있는 경우

2. 임차인이 거짓이나 그 밖의 부정한 방법으로 임차한 경우

3. 서로 합의하여 임대인이 임차인에게 상당한 보상을 제공한 경우

4. 임차인이 임대인의 동의 없이 목적 건물의 전부 또는 일부를 전대(轉貸)한 경우

5. 임차인이 임차한 건물의 전부 또는 일부를 고의나 중대한 과실로 파손한 경우

6. 임차한 건물의 전부 또는 일부가 멸실되어 임대차의 목적을 달성하지 못할 경우

7. 임대인이 다음 각 목의 어느 하나에 해당하는 사유로 목적 건물의 전부 또는 대부분을 철거하거나 재건축하기 위하여 목적 건물의 점유를 회복할 필요가 있는 경우

가. 임대차계약 체결 당시 공사시기 및 소요기간 등을 포함한 철거 또는 재건축 계획을 임차인에게 구체적으로 고지하고 그 계획에 따르는 경우

나. 건물이 노후·훼손 또는 일부 멸실되는 등 안전사고의 우려가 있는 경우

다. 다른 법령에 따라 철거 또는 재건축이 이루어지는 경우

8. 그 밖에 임차인이 임차인으로서의 의무를 현저히 위반하거나 임대차를 계속하기 어려운 중대한 사유가 있는 경우

② 임차인의 계약갱신요구권은 최초의 임대차기간을 포함한 전체 임대차기간이 10년을 초과하지 아니하는 범위에서만 행사할 수 있다. 〈개정 2018. 10. 16.〉

③ 갱신되는 임대차는 전 임대차와 동일한 조건으로 다시 계약된 것으로 본다. 다만, 차임과 =보증금은 제11조에 따른 범위에서 증감할 수 있다.

④ 임대인이 제1항의 기간 이내에 임차인에게 갱신 거절의 통지 또는 조건 변경의 통지를 하지 아니한 경우에는 그 기간이 만료된 때에 전 임대차와 동일한 조건으로 다시 임대차한 것으로 본다. 이 경우에 임대차의 존속기간은 1년으로 본다. 〈개정 2009. 5. 8.〉

⑤ 제4항의 경우 임차인은 언제든지 임대인에게 계약해지의 통고를 할 수 있고, 임대인이 통고를 받은 날부터 3개월이 지나면 효력이 발생한다.

상가건물임대차보호법은 임차인이 임대차 기간이 만료되기 6개월 전부터 1개월 전까지 계약 갱신을 요구하면 임대인은 정당한 사유 없이 거절하지 못하도록 하고 있다. 단, 임대인이 임차인의 계약 갱신 요구를 거절할 수 있는 예외 규정이 있다. 임차인이 3기의 차임을 연체하거나, 거짓이나 부정한 방법으로 임차하거나, 임대인의 동의 없이 건물의 전부 또는 일부를 다른 사람에게 빌려 주거나,

건물의 전부 또는 일부를 고의나 중대한 과실로 파손하는 등의 경우에는 임대인이 계약 갱신을 거부해도 무방하다.

임차인은 최초의 기간을 포함하여 10년 이내에서 계약갱신을 요구할 수 있다. 임대차기간이 만료되기 6개월 전부터 1개월 전까지 사이에 임대인이 임차인에게 갱신거절이나 조건변경의 통지를 하지 않으면 1년 동안 묵시적 갱신이 이루어진다. 묵시적 갱신이 이루어지더라도 임차인은 언제든지 임대인에게 계약해지의 통고를 할 수 있고, 임대인이 통고를 받은 날부터 3개월이 지나면 효력이 발생한다.

7. 차임 등의 증감청구권

〈상가건물임대차보호법 제11조〉 차임 등의 증감청구권
① 차임 또는 보증금이 임차건물에 관한 조세, 공과금, 그 밖의 부담의 증감이나 경제 사정의 변동으로 인하여 상당하지 아니하게 된 경우에는 당사자는 장래의 차임 또는 보증금에 대하여 증감을 청구할 수 있다. 그러나 증액의 경우에는 대통령령으로 정하는 기준

에 따른 비율을 초과하지 못한다.
② 제1항에 따른 증액 청구는 임대차계약 또는 약정한 차임 등의 증액이 있은 후 1년 이내에는 하지 못한다.

상가건물임대차보호법과 동법시행령은 '차임 또는 보증금의 증액청구는 청가 당시의 차임 또는 보증금의 100분의 5의 금액을 초과하지 못한다고 규정하고 있다. 잦은 차임 증가를 방지하기 위해 임대차계약 또는 약정한 차임 등의 증액이 있은 후 1년 이내에는 증액 청구를 하지 못하도록 규정하고 있다.

8. 월 차임 전환 시 산정률의 제한

〈상가건물임대차보호법 제12조〉 월 차임 전환 시 산정률의 제한
보증금의 전부 또는 일부를 월 단위의 차임으로 전환하는 경우에는 그 전환되는 금액에 다음 각 호 중 낮은 비율을 곱한 월 차임의 범위를 초과할 수 없다.
1. 「은행법」에 따른 은행의 대출금리 및 해당 지역의 경제 여건 등을 고려하여 대통령령으로 정하는 비율
2. 한국은행에서 공시한 기준금리에 대통령령으로 정하는 배수를 곱한 비율

현재 상가건물임대차보호법시행령은 보증금을 월세로 전환하는 경우 그 기준을 연 1할 2푼과 기준금리의 4.5배 가운데 낮은 것으로 정하고 있다.

예를 들어 보증금 5천만 원, 월세 60만 원에 상가건물을 임차

하여 사무실로 사용하고 있다고 가정하자. 그런데 최근 경영이 어려워지면서 보증금을 4천만 원으로 감액하고 감액된 만큼 월세를 더 지불하려고 한다. 보증금을 감액한 만큼 월세를 더 지불해야 하는데 매월 얼마의 월세를 납부하면 될까? 계산식은 다음과 같다.

(1,000만 원 × 5.625%) ÷ 12 = 4만 6,875원
*적용 기준 : Min(연 1할 2푼, 1.25%×4.5)

임차조건 변경으로 매월 지불해야 하는 월세는 기존 60만 원에서 4만 6,875원을 더한 64만 6,875원이 된다.

9. 전대차 관계에 대한 적용 등

〈상가건물임대차보호법 제13조〉 전대차관계에 대한 적용 등
① 제10조, 제10조의2, 제10조의8, 제11조 및 제12조는 전대인(轉貸人)과 전차인(轉借人)의 전대차관계에 적용한다.
② 임대인의 동의를 받고 전대차계약을 체결한 전차인은 임차인의 계약갱신요구권 행사기간 이내에 임차인을 대위(代位)하여 임대인에게 계약갱신요구권을 행사할 수 있다.

상가건물임대차보호법에서 규정하고 있는 임차인의 계약갱신 요구권, 계약갱신의 특례, 차임 등의 증감청구권, 월 차임 전환 시 산정률의 제한 규정들은 전대차 관계에도 적용된다. 단, 적법한 전대차 관계(임대인의 동의를 받은 전대차)인 경우에 적용된다는 점은 기억해 두자.

수익성 부동산 경매 참가 :

제1단계 – 상가건물임대차보호법의 적용

경매로 상가건물을 구입할 때도 주택처럼 대항력 있는 임차인이 있는지를 따져 보아야 한다. 선순위 임차인이 있으면 낙찰자가 선순위 임차인의 보증금을 모두 부담해야 한다. 선순위처럼 보이지만 보증금과 월세를 통산하여 계산한 환산보증금이 상가건물임대차보호법에서 규정하고 있는 한도를 초과하면 보호 대상이 되지 않는다. 임차인이라면 꼼짝없이 대항력을 잃어버리는 상황이 되고 만다. 낙찰자 입장이냐, 임차인 입장이냐에 관계없이 상가건물임대차보호법에 따른 보호 대상 여부는 매우 중요한 문제가 아닐 수 없다.

상가건물을 경매로 매입하기 원한다면 우선 상가건물임대차보호법의 적용 대상 건물인가를 우선 검토해야 한다. 그중에서도 상가건물임대차보호법에 따른 상가임차인에 대한 세심한 분석이 선행되어야 한다. 다음의 사례를 통해 상가건물임대차보호법에 따른 임차인의 구분을 연습해 보자.

1. 말소기준권리에 따른 임차인의 구분 : 2002년 11월 1일 ~ 2008년 8월 20일

[표 4-4]는 상가건물의 등기부권리 및 임차인 내역을 정리한 표이다. 상가건물임대차보호법의 적용을 받는 임차인과 그렇지 못한 임차인을 구분해 보자.

[표 4-4] 상가건물의 등기부권리 및 임차인 내역

권리의 종류	권리자	점유	등기/확정일자	보증금(채권액)/월세
근저당권	국민은행	–	2005. 11. 3	5억 2천만 원
임차인	허승환	2007. 11. 2	2007. 11. 2	3,000만 원/80만 원
임차인	박남준	2007. 12. 1	2007. 12. 1	2,000만 원/120만 원
임차인	김박식	2008. 1. 9	2008. 1. 10	5,000만 원/100만 원
임차인	이한성	2008. 2. 14	2008. 2. 15	1억 원/200만 원
가압류	농협	–	2008. 6. 7	3억 원
임차인	최성실	2008. 10. 5	2008. 10. 5	1,500만 원/90만 원
가압류	삼화기업	–	2008. 11. 11	1억 원
근저당권	미래상호	–	2009. 4. 16	1억 3천만 원
임차인	한남수	2009. 4. 15	2009. 4. 18	6,000만 원/280만 원
임차인	남정석	2010. 3. 30	2010. 3. 30	5,500만 원/170만 원

1) 서울시

[표 4-4]의 상가건물이 서울시에 소재한다고 가정하자. 우선 최초 근저당권 설정 시점이 상가건물임대차보호법이 시행되기 이전인지를 따져 보아야 한다. [표 4-4]의 상가건물은 2005년 11월 3일이 최초 근저당권 설정 시점으로, 상가건물임대차보호법 시행 이후에 설정된 근저당권이다.

다음은 개별 임차인들의 환산보증금이 동법에서 규정하는 요건을 충족하고 있는지를 검토하면 된다. 2006년 5월 30일 기준으로 서울시에서 상가건물임대차보호법의 적용을 받기 위해서는 환산보증금이 2억 4천만 원 이하여야 한다.

임차인 허승환은 환산보증금이 1억 1천만 원이므로 적용 대상
임차인 박남준은 환산보증금이 1억 4천만 원이므로 적용 대상
임차인 김박식은 환산보증금이 1억 5천만 원이므로 적용 대상
임차인 이한성은 환산보증금이 3억 원이므로 기준 초과
임차인 최성실은 환산보증금이 1억 5백만 원이므로 적용 대상
임차인 한남수는 환산보증금이 3억 4천만 원이므로 기준 초과
임차인 남정석은 환산보증금이 2억 2천 5백만 원이므로 적용 대상

분석 결과 허승환, 박남준, 김박식, 최성실, 남정석은 환산보증금 기준을 충족하고 있어 상가건물임대차보호법의 보호 대상이 된다. 이한성과 한남수는 환산보증금 기준을 초과하고 있어 상가건물

임대차보호법에 따른 보호 대상이 아니다.

이제 최우선변제를 받는 임차인이 누구인지 살펴볼 차례이다. 상가건물임대차보호법에 따른 소액 최우선변제를 받기 위해서는 환산보증금이 동법 시행령에서 규정하는 금액 이하여야 한다는 점을 이미 살펴보았다. [표 4-3]의 환산보증금 기준을 충족하는 임차인이 바로 최우선변제를 받는 임차인에 해당된다.

최초 근저당권 설정 당시의 환산보증금은 임차인 7인 모두 기준 금액인 4천5백만 원을 넘었다. 따라서 소액 최우선변제를 받는 임차인은 없는 것으로 나타났다. 물론 환산보증금이 상가건물임대차보호법의 적용을 받기 위한 기준을 초과하는 이한성과 한남수를 제외한 허승환, 박남준, 김박식, 최성실, 남정석은 순위배당에서 배당받을 가능성이 남아 있다.

2) 수도권과밀억제권역

이번에는 [표 4-4]의 상가건물이 수도권과밀억제권역에 속하는 경기도 안양시에 소재하고 있다고 가정한다. 상가건물임대차보호법의 적용을 받는 임차인과 그렇지 못한 임차인을 구분해 보자.

이미 상가건물의 최초 근저당권 설정 시점이 2005년 11월 3일로 상가건물임대차보호법 제정 이후에 설정된 근저당권임이 판명되었다. 그럼 개별 임차인들의 환산보증금이 상가건물임대차보호법에서 규정하는 요건을 충족하고 있는지를 검토한다. 2005년 11월 3일 기준으로 수도권과밀억제권역에서 상가건물임대차보호법의 적용을 받기 위해서는 환산보증금이 1억 9천만 원 이하여야 한다.

임차인 허승환은 환산보증금이 1억 1천만 원이므로 적용 대상
임차인 박남준은 환산보증금이 1억 4천만 원이므로 적용 대상
임차인 김박식은 환산보증금이 1억 5천만 원이므로 적용 대상
임차인 이한성은 환산보증금이 3억 원이므로 기준 초과
임차인 최성실은 환산보증금이 1억 5백만 원이므로 적용 대상
임차인 한남수는 환산보증금이 3억 4천만 원이므로 기준 초과
임차인 남정석은 환산보증금이 2억 2천 5백만 원이므로 기준 초과

분석 결과 허승환, 박남준, 김박식, 최성실은 환산보증금 기준을 충족하고 있어 상가건물임대차보호법의 보호 대상이 된다. 이한성, 한남수, 남정석은 환산보증금이 기준을 초과하고 있어 보호 대상이 아니다.

그렇다면 소액 최우선변제를 받는 사람은 누구일까? 수도권과밀억제권역에서 말소기준권리인 최선순위 근저당권 설정일인 2005년 11월 3일 기준으로 소액 최우선변제 대상이 되기 위해서는 환산보증금이 3천9백만 원 이하여야 한다. 앞에서 환산보증금 기준을 충족하여 보호를 받는 임차인은 허승환, 박남준, 김박식, 최성실이지만, 4명 모두 환산보증금이 3천9백만 원을 넘어 최우선변제를 받

는 대상이 아니다. 단, 환산보증금 기준은 충족하고 있는 만큼 순위 배당에서 배당받을 가능성이 남아 있다.

3) 광역시(군 지역과 인천 제외)

[표 4-4]의 상가건물이 대구광역시 수성구 범어동에 소재하고 있다고 가정한다. 광역시에서 상가건물임대차보호법의 적용을 받는 임차인과 그렇지 못한 임차인을 구분해 보자.

대구광역시 수성구 범어동에 소재하는 위 상가건물의 최초 근저당권 설정시점은 2005년 11월 3일이다. 상가건물임대차보호법 제정 이후에 설정된 근저당권이다. 이제 남은 것은 개별 임차인들의 환산보증금이 법에서 규정하고 있는 요건을 충족하고 있는지를 검토하면 된다. 2005년 11월 3일 현재 광역시에서 상가건물임대차보호법의 적용을 받기 위해서는 환산보증금이 1억 5천만 원 이하여야 한다.

임차인 허승환은 환산보증금이 1억 1천만 원이므로 적용 대상
임차인 박남준은 환산보증금이 1억 4천만 원이므로 적용 대상
임차인 김박식은 환산보증금이 1억 5천만 원이므로 적용 대상
임차인 이한성은 환산보증금이 3억 원이므로 기준 초과
임차인 최성실은 환산보증금이 1억 5백만 원이므로 적용 대상
임차인 한남수는 환산보증금이 3억 4천만 원이므로 기준 초과
임차인 남정석은 환산보증금이 2억 2천 5백만 원이므로 기준 초과

분석 결과 허승환, 박남준, 김박식, 최성실은 환산보증금 기준을 충족하고 있어 상가건물임대차보호법의 보호 대상이 된다. 이한성, 한남수, 남정석은 환산보증금이 기준을 초과하고 있어 보호 대상이 아니다.

상가건물임대차보호법에 따른 소액 최우선변제를 받기 위해서는 환산보증금이 상가건물임대차보호법 시행령에서 규정하고 있는 금액 이하여야 한다는 점은 이미 누차 강조한 바 있다. 광역시에서 말소기준권리인 최선순위 근저당권의 설정일이 2005년 11월 3일인 경우 소액 최우선변제 대상이 되기 위해서는 환산보증금이 3천만 원 이하여야 한다. 상가건물임대차보호법의 보호를 받는 임차인 허승환, 박남준, 김박식, 최성실 모두 환산보증금이 3천만 원을 넘어 소액 최우선변제 대상이 아니다. 물론 환산보증금 기준은 충족하고 있는 만큼 순위배당에서 배당받을 가능성은 남아 있다.

4) 기타 지역

다음은 [표 4-4]의 상가건물이 경상북도 봉화군에 소재하고 있다고 가정한다. 기타 지역에서 상가건물임대차보호법의 적용을 받는 임차인과 그렇지 못한 임차인을 구분해 보자.

역시 상가건물임대차보호법 제정 이후에 설정된 근저당권이다. 그럼 개별 임차인들의 환산보증금이 법에서 규정하고 있는 요건을 충족하고 있는지 검토한다. 2005년 11월 3일 기준으로 기타 지역에서 상가건물임대차보호법의 적용을 받기 위해서는 환산보증금이 1억 4천만 원 이하여야 한다.

임차인 허승환은 환산보증금이 1억 1천만 원이므로 적용 대상
임차인 박남준은 환산보증금이 1억 4천만 원이므로 적용 대상
임차인 김박식은 환산보증금이 1억 5천만 원이므로 기준 초과
임차인 이한성은 환산보증금이 3억 원이므로 기준 초과
임차인 최성실은 환산보증금이 1억 5백만 원이므로 적용 대상
임차인 한남수는 환산보증금이 3억 4천만 원이므로 기준 초과
임차인 남정석은 환산보증금이 2억 2천 5백만 원이므로 기준 초과

분석 결과 허승환, 박남준, 최성실은 환산보증금 기준을 충족하고 있어 상가건물임대차보호법의 보호 대상이 된다. 김박식, 이한성, 한남수, 남정석은 환산보증금이 기준을 초과하고 있어 보호 대상이 아니다.

말소기준권리인 최선순위 근저당권의 설정일 2005년 11월 3일 기준으로 기타 지역에서 소액 최우선변제 대상이 되기 위해서는 환산보증금이 2천5백만 원 이하여야 한다. 상가건물임대차보호법의 보호를 받는 임차인 허승환, 박남준, 최성실은 모두 환산보증금이 2천5백만 원을 넘어 소액 최우선변제를 받을 수 없다. 다만 허승환, 박남준, 최성실은 환산보증금 기준을 충족하고 있는 만큼 순위배당

에서 배당받을 가능성은 남아 있다.

2. 말소기준권리에 따른 임차인의 구분 : 2008년 8월 21일 ~ 2010년 7월 25일

상가건물임대차보호법의 1차 개정으로 2008년 8월 21일~ 2010
년 7월 25일에 걸친 기간 동안 환산보증금 기준이 상향되었다. 물
론 무조건 상향 적용이 되는 것은 아니다. 최초 근저당권 설정일이
위 기간 사이에 포함되는 경우만 해당된다. 예를 들어 최초 근저당
권 설정일이 2008년 8월 20일이라면 환산보증금 기준은 2002년
11월 1일부터 2008년 8월 20일까지 적용되던 기준을 따라야 한다.

[표 4-5] 상가건물의 등기부권리 및 임차인 내역

권리의 종류	권리자	점유	등기/확정일자	보증금(채권액)/월세
근저당권	국민은행	–	2008. 9. 3	5억 2천만 원
임차인	허승환	2009. 11. 2	2009. 11. 2	3,000만 원/80만 원
임차인	박남준	2009. 12. 1	2009. 12. 1	2,000만 원/120만 원
임차인	김박식	2010. 1. 9	2010. 1. 10	5,500만 원/100만 원
임차인	이한성	2010. 2. 14	2010. 2. 15	1억 원/200만 원
가압류	농협	–	2010. 2. 19	3억 원
임차인	최성실	2010. 3. 5	2010. 3. 5	1,500만 원/90만 원
가압류	삼화기업	–	2010. 3. 11	1억 원
근저당권	미래상호	–	2010. 4. 16	1억 3천만 원
임차인	한남수	2010. 4. 17	2010. 4. 18	6,000만 원/280만 원
임차인	남정석	2010. 5. 30	2010. 5. 30	5,500만 원/170만 원
임차인	황당해	2010. 7. 14	2010. 7. 14	4,500만 원/120만 원

그럼 변경된 기준에 따라 각 지역별로 상가건물임대차보호법의 적용 여부와 소액 최우선변제 대상을 따져 보자.

1) 서울시

[표 4-5]의 상가건물이 서울에 소재하고 있다고 가정한다. 먼저 상가건물임대차보호법에 따른 보호 대상인지를 판단해 보자. 최초 근저당 설정 시점이 2008년 9월 3일이다. 당시 서울시에서 상가건물임대차보호법의 적용을 받기 위해서는 환산보증금이 2억 6천만 원 이하여야 한다.

> 허승환은 환산보증금이 1억 1천만 원, 적용 대상
> 박남준은 환산보증금이 1억 4천만 원, 적용 대상
> 김박식은 환산보증금이 1억 5천 5백만 원, 적용 대상
> 이한성은 환산보증금이 3억 원, 기준 초과
> 최성실은 환산보증금이 1억 5백만 원, 적용 대상
> 한남수는 환산보증금이 3억 4천만 원, 기준 초과
> 남정석은 환산보증금이 2억 2천 5백만 원, 적용 대상
> 황당해는 환산보증금이 1억 6천 5백만 원, 적용 대상

다음으로 소액 최우선변제 대상 여부를 판단한다. 최초 근저당권 설정일인 2008년 9월 3일 기준으로 서울시 지역의 소액 최우선변제는 환산보증금이 4천 5백만 원 이하여야 한다. 대항력을 갖추

고 해당 요건을 충족하면 최고 1,350만 원까지 최우선변제를 받는다. [표 4-5]의 상가건물에 관계된 임차인들은 모두 환산보증금이 4천5백만 원을 넘어 소액 최우선변제 대상이 아니다.

2) 수도권과밀억제권역

이번에는 [표 4-5]의 상가건물이 수도권과밀억제권역인 경기도 안양시에 소재하고 있다고 가정하자. 최초 근저당권 설정일인 2008년 9월 3일 기준으로 수도권과밀억제권역에서 상가건물임대차보호법의 적용을 받으려면 환산보증금이 2억 1천만 원 이하여야 한다.

허승환은 환산보증금이 1억 1천만 원, 적용 대상
박남준은 환산보증금이 1억 4천만 원, 적용 대상
김박식은 환산보증금이 1억 5천 5백만 원, 적용 대상
이한성은 환산보증금이 3억 원, 기준 초과
최성실은 환산보증금이 1억 5백만 원, 적용 대상
한남수는 환산보증금이 3억 4천만 원, 기준 초과
남정석은 환산보증금이 2억 2천 5백만 원, 기준 초과
황당해는 환산보증금이 1억 6천 5백만 원, 적용 대상

다음으로 소액 최우선변제 대상을 판단해 보자. 최초 근저당권 설정일인 2008년 9월 3일 당시 수도권과밀억제권역의 소액 최우선변제 기준은 환산보증금 3,900만 원 이하이다. 임차인 모두 소액 최

우선변제 대상에 해당되지 않는다.

3) 광역시

[표 4-5]의 상가건물이 대구광역시 수성구에 소재하고 있다고 가정하고, 상가건물임대차보호법에 따른 보호 대상인지를 판단해 보자. 최초 근저당권 설정일인 2008년 9월 3일 시점에서 광역시(군 지역과 인천 제외)의 환산보증금 기준은 1억 6천만 원 이하이다.

> 허승환은 환산보증금이 1억 1천만 원, 적용 대상
> 박남준은 환산보증금이 1억 4천만 원, 적용 대상
> 김박식은 환산보증금이 1억 5천 5백만 원, 적용 대상
> 이한성은 환산보증금이 3억 원, 기준 초과
> 최성실은 환산보증금이 1억 5백만 원, 적용 대상
> 한남수는 환산보증금이 3억 4천만 원, 기준 초과
> 남정석은 환산보증금이 2억 2천 5백만 원, 기준 초과
> 황당해는 환산보증금이 1억 6천 5백만 원, 기준 초과

다음으로 소액 최우선변제 대상을 판단한다. 2008년 9월 3일 당시 광역시의 소액 최우선변제 기준은 환산보증금 3,000만 원 이하이다. 마찬가지로 임차인 모두 해당되지 않는다.

4) 기타 지역

[표 4-5]의 상가건물이 기타 지역에 해당하는 강원도 홍천군에 소재하고 있다고 가정하고, 상가건물임대차보호법에 따른 보호 대상을 판단해 보자. 2008년 9월 3일 시점에서 기타 지역의 환산보증금 기준은 1억 5천만 원 이하이다.

> 허승환은 환산보증금이 1억 1천만 원, 적용 대상
> 박남준은 환산보증금이 1억 4천만 원, 적용 대상
> 김박식은 환산보증금이 1억 5천 5백만 원, 기준 초과
> 이한성은 환산보증금이 3억 원, 기준 초과
> 최성실은 환산보증금이 1억 5백만 원, 적용 대상
> 한남수는 환산보증금이 3억 4천만 원, 기준 초과
> 남정석은 환산보증금이 2억 2천 5백만 원, 기준 초과
> 황당해는 환산보증금이 1억 6천 5백만 원, 기준 초과

다음으로 소액 최우선변제 대상을 판단해 보자. 말소기준권리인 최초 근저당권 설정일 2008년 9월 3일 당시 기타 지역의 소액 최우선변제 기준은 환산보증금 2,500만 원 이하이다. 임차인 모두 해당되지 않는다.

3. 말소기준권리에 따른 임차인의 구분
: 2010년 7월 26일 ~2013년 12월 31일

상가건물임대차보호법이 개정되면 환산보증금과 소액최우선 변제의 기준도 변경될 수 있다. 하지만 바뀐 기준이 과거로 소급 적용되지는 않는다. 최초 근저당권 설정일이 해당 기간에 속해 있는 경우만 적용된다. 최초 근저당권 설정일이 2010년 7월 30일이라면 이 시점에서의 상가건물임대차보호법에서 규정하고 있는 보호를 받을 수 있다는 의미다.

각 지역별로 상가건물임대차보호법의 적용여부와 소액 최우선 변제대상을 따져보자. 분석의 대상이 되는 상가건물의 등기사항전부증명서상 권리 및 임차인 내역은 [표 4-6]와 같다.

[표 4-6] 상가건물의 등기부권리 및 임차인 내역

권리의 종류	권리자	점유	등기/확정일자	보증금(채권액)/월세
근저당권	국민은행	–	2010. 7. 30	5억 2천만 원
임차인	허승환	2010. 11. 2	2010. 11. 2	3,000만 원/80만 원
임차인	박남준	2010. 12. 1	2010. 12. 1	2,000만 원/120만 원
임차인	김박식	2011. 1. 9	2011. 1. 10	5,500만 원/100만 원
임차인	이한성	2011. 2. 14	2011. 2. 15	1억 원/200만 원
가압류	농협	–	2011. 2. 19	3억 원
임차인	최성실	2011. 3. 5	2011. 3. 5	1,500만 원/90만 원
가압류	삼화기업	–	2011. 3. 11	1억 원
근저당권	미래상호	–	2011. 4. 16	1억 3천만 원
임차인	한남수	2011. 4. 17	2011. 4. 18	6,000만 원/280만 원
임차인	남정석	2011. 5. 30	2011. 5. 30	5,500만 원/170만 원
임차인	황당해	2011. 7. 14	2011. 7. 14	4,500만 원/120만 원

1) 서울시

[표 4-6]의 상가건물이 서울시에 소재하고 있다고 가정하고, 상가건물임대차보호법에 따른 보호 대상 여부를 판단해 보자. 최초 근저당권 설정일인 2010년 7월 30일 기준으로 서울시에서 상가건물임대차보호법의 적용을 받으려면 환산보증금이 3억 원 이하여야 한다.

허승환은 환산보증금이 1억 1천만 원, 적용 대상
박남준은 환산보증금이 1억 4천만 원, 적용 대상
김박식은 환산보증금이 1억 5천 5백만 원, 적용 대상
이한성은 환산보증금이 3억 원, 적용 대상
최성실은 환산보증금이 1억 5백만 원, 적용 대상
한남수는 환산보증금이 3억 4천만 원, 기준 초과
남정석은 환산보증금이 2억 2천 5백만 원, 적용 대상
황당해는 환산보증금이 1억 6천 5백만 원, 적용 대상

다음으로 소액 최우선변제 대상을 알아보자. 2010년 7월 30일 당시 서울시에서 소액 최우선변제를 받는 기준은 환산보증금 5천만 원 이하이다. 대항력을 갖추고 해당 요건을 충족하면 1천 5백만 원까지 소액 최우선변제를 받는다. 임차인 모두 환산보증금이 5천만 원을 넘어 소액 최우선변제 대상이 아니다.

2) 수도권과밀억제권역

이번에는 [표 4-6]의 상가건물이 수도권과밀억제권역인 경기도 안양시에 소재하고 있다고 가정한다. 먼저 상가건물임대차보호법에 따른 보호 대상인지를 판단해 보자. 2010년 7월 30일 시점에서 수도권과밀억제권역의 환산보증금 기준은 2억 5천만 원 이하이다.

허승환은 환산보증금이 1억 1천만 원, 적용 대상
박남준은 환산보증금이 1억 4천만 원, 적용 대상
김박식은 환산보증금이 1억 5천 5백만 원, 적용 대상
이한성은 환산보증금이 3억 원, 기준 초과
최성실은 환산보증금이 1억 5백만 원, 적용 대상
한남수는 환산보증금이 3억 4천만 원, 기준 초과
남정석은 환산보증금이 2억 2천 5백만 원, 적용 대상
황당해는 환산보증금이 1억 6천 5백만 원, 적용 대상

다음으로 소액 최우선변제 여부를 판단해 보자. 최초 근저당권 설정일인 2010년 7월 30일 당시 수도권과밀억제권역에서 소액 최우선변제를 받는 기준은 환산보증금 4,500만 원 이하이다. 임차인 모두 해당이 되지 않는다.

3) 광역시, 안산시, 용인시, 김포시, 광주시

[표 4-6]의 상가건물이 광역시인 대구광역시 수성구에 소재하

고 있다고 가정한다. 2010년 7월 30일 기준으로 광역시(군 지역과 인천 제외), 안산시, 용인시, 김포시, 광주시에서 상가건물임대차보호법의 적용을 받기 위해서는 환산보증금이 1억 8천만 원 이하여야 한다.

허승환은 환산보증금이 1억 1천만 원, 적용 대상
박남준은 환산보증금이 1억 4천만 원, 적용 대상
김박식은 환산보증금이 1억 5천 5백만 원, 적용 대상
이한성은 환산보증금이 3억 원, 기준 초과
최성실은 환산보증금이 1억 5백만 원, 적용 대상
한남수는 환산보증금이 3억 4천만 원, 기준 초과
남정석은 환산보증금이 2억 2천 5백만 원, 기준 초과
황당해는 환산보증금이 1억 6천 5백만 원, 적용 대상

소액 최우선변제 대상 여부를 판단해 보자. 해당 상가건물에 최초로 근저당권이 설정된 날짜 기준으로 광역시에서 소액 최우선변제를 받기 위해서는 환산보증금이 3,000만 원 이하여야 한다. 역시 임차인 모두 해당되지 않는다.

4) 기타 지역

[표 4-6]의 상가건물이 기타 지역에 해당하는 충남 태안군에 소재하고 있다고 가정하고, 상가건물임대차보호법에 따른 보호 대상인지를 판단해 보자. 2010년 7월 30일 당시 기타 지역의 환산보

증금 기준은 1억 5천만 원 이하이다.

허승환은 환산보증금이 1억 1천만 원, 적용 대상
박남준은 환산보증금이 1억 4천만 원, 적용 대상
김박식은 환산보증금이 1억 5천 5백만 원, 기준 초과
이한성은 환산보증금이 3억 원, 기준 초과
최성실은 환산보증금이 1억 5백만 원, 적용 대상
한남수는 환산보증금이 3억 4천만 원, 기준 초과
남정석은 환산보증금이 2억 2천 5백만 원, 기준 초과
황당해는 환산보증금이 1억 6천 5백만 원, 기준 초과

2010년 7월 30일 기준으로 기타 지역에서 상가건물임대차보호법에 따른 소액 최우선변제를 받기 위해서는 환산보증금이 2,500만 원 이하여야 한다. 대항력을 갖추고 해당 요건을 충족하면 750만 원까지 최우선변제를 받는다. 임차인 모두 최우선변제 대상이 아니다. 다만 허승환, 박남준, 최성실은 환산보증금 기준을 충족하고 있는 만큼 순위배당에서 배당받을 가능성은 남아 있다.

4. '말소기준권리에 따른 임차인'의 구분 : 2014년 1월 1일 ~ 2018년 1월 25일

상가건물임대차보호법의 3차 개정에 따라 환산보증금과 소액 최우선 변제의 기준이 또 다시 변경되었다. 이미 강조했던 것처럼 무조건 상향 적용이 되는 것은 아니고 최초 근저당권 설정일이 위 기간 사이에 포함된 경우만 바뀐 법에 따라 보호를 받을 수 있다. 예를 들어 최초 근저당권 설정일이 '2010년 7월 26일 ~ 2013년 12월 31일'이라면 환산보증금 기준은 2013년 12월 31일까지 적용되던 기준을 따라야 한다.

또한 최초 근저당권 설정일이 2015년 5월 13일 이후인 경우에는 환산보증금을 초과하는 임차인도 상가건물임대차보호법에 따른 대항력을 갖게 되었다는 점도 기억해 두자.

[표 4-7] 상가건물의 등기부 권리 및 임차인 내역

권리의 종류	권리자	점유	등기/확정일자	보증금(채권액)/월세
근저당권	국민은행	–	2014. 9. 3	9억 2천만 원
임차인	허승환	2014. 11. 2	2014. 11. 2	3,000만 원/80만 원
임차인	박남준	2014. 12. 1	2014. 12. 1	2,000만 원/120만 원
임차인	김박식	2015. 1. 9	2015. 1. 10	4,000만 원/100만 원
임차인	이한성	2015. 2. 14	2015. 2. 15	1억 원/200만 원
가압류	농협	–	2015. 2. 19	3억 원
임차인	최성실	2015. 3. 5	2015. 3. 5	1,500만 원/90만 원
가압류	삼화기업	–	2015. 3. 11	1억 원
근저당권	미래상호	–	2015. 4. 16	1억 3천만 원
임차인	한남수	2015. 4. 17	2015. 4. 18	6,000만 원/380만 원
임차인	남정석	2016. 5. 30	2016. 5. 30	5,500만 원/170만 원
임차인	황당해	2016. 7. 14	2016. 7. 14	4,500만 원/100만 원

그럼 위 기간에 적용되던 기준에 따라 각 지역별로 온전한 상가
건물임대차보호법의 적용여부와 소액최우선변제 대상을 따져 보자.

1) 서울특별시

위 상가건물이 서울특별시에 소재하고 있는 경우라고 가정하
자. 이를 기초로 먼저 '상가건물임대차보호법'에 따라 온전하게 보
호를 받을 수 있는지 여부를 판단해보자. 2014년 1월 1일 부터 2018
년 1월 25일까지 적용되던 서울시의 환산보증금 기준은 4억 원 이
하이다. 최초 근저당권 설정일이 2014년 2월 28일 이기 때문에 대
항력을 환산보증금을 초과한 상가건물 임차인은 상가건물임대차보
호법에 의한 보호대상이 아니다.

허승환은 환산보증금이 1억 1천만 원, 적용 대상
박남준은 환산보증금이 1억 4천만 원, 적용 대상
김박식은 환산보증금이 1억 4천만 원, 적용 대상
이한성은 환산보증금이 3억 원, 적용 대상
최성실은 환산보증금이 1억 5백만 원, 적용 대상
한남수는 환산보증금이 4억 4천만 원, 기준 초과
남정석은 환산보증금이 2천 2천 5백만 원, 적용 대상
황당해는 환산보증금이 1억 4천 5백만 원, 적용 대상

다음으로 소액 최우선변제 대상을 알아보자. 2014년 2월 28일 당시 서울시에서 소액 최우선변제를 받는 기준은 환산보증금 6,500만 원 이하이다. 대항력을 갖추고 해당 요건을 충족하면 2,200만 원까지 소액 최우선변제를 받는다. 임차인 모두 환산보증금 요건을 충족하지 못하고 있어 소액 최우선변제 대상이 아니다.

2) 수도권과밀억제권역

이번에는 [표 4-7]의 상가건물이 수도권과밀억제권역인 경기도 수원시에 소재하고 있다고 가정한다. 먼저 '상가건물임대차보호법'에 따라 온전하게 보호받을 수 있는지를 판단해보자. 2014년 1월 1일부터 ~ 2018년 1월 25일에 걸친 기간 동안 수도권과밀억제권역의 환산보증금 기준은 3억 원 이하이다.

허승환은 환산보증금이 1억 1천만 원, 적용 대상

박남준은 환산보증금이 1억 4천만 원, 적용 대상

김박식은 환산보증금이 1억 4천만 원, 적용 대상

이한성은 환산보증금이 3억 원, 적용 대상

최성실은 환산보증금이 1억 5백만 원, 적용 대상

한남수는 환산보증금이 4억 4천만 원, 기준 초과

남정석은 환산보증금이 2억 2천 5백만 원, 적용 대상

황당해는 환산보증금이 1억 4천 5백만 원, 적용 대상

다음으로 소액 최우선변제 대상을 알아보자. 2014년 2월 28일 당시 수도권과밀억제권역에서 소액 최우선변제를 받는 기준은 환산보증금 5,500만 원 이하이다. 대항력을 갖추고 해당 요건을 충족하면 1,900만 원까지 소액 최우선변제를 받는다. 하지만 임차인 모두 환산보증금 요건을 충족하지 못하고 있어 소액 최우선변제 대상이 아니다.

3) 광역시(군지역, 인천광역시 제외), 안산시, 용인시, 김포시 및 광주시

[표 4-7]의 상가건물이 광역시인 대구광역시 수성구에 소재하고 있다고 가정한다. 말소기준권리인 국민은행의 근저당권 설정일인 2014년 2월 28일을 기준으로 광역시(군지역과 인천광역시 제외), 안산시, 용인시, 김포시, 광주시에서 온전히 '상가건물임대차보호법'의 적용을 받기 위해서는 환산보증금이 2억 4천만 원 이하여야 한다.

허승환은 환산보증금이 1억 1천만 원, 적용 대상
박남준은 환산보증금이 1억 4천만 원, 적용 대상
김박식은 환산보증금이 1억 4천만 원, 적용 대상
이한성은 환산보증금이 3억 원, 기준 초과
최성실은 환산보증금이 1억 5백만 원, 적용 대상
한남수는 환산보증금이 4억 4천만 원, 기준 초과
남정석은 환산보증금이 2억 2천 5백만 원, 적용 대상
황당해는 환산보증금이 1억 4천 5백만 원, 적용 대상

소액최우선변제 대상 여부를 판단해보자. 해당 상가건물에 최초로 근저당권이 설정된 날짜를 기준으로 광역시(군지역과 인천광역시 제외), 안산시, 용인시, 김포시, 광주시에서 '상가건물임대차보호법'의 적용을 받기 위해서는 환산보증금이 3,800만 원 이하여야 한다. 임차인 모두 해당되지 않는다.

4) 기타지역

[표 4-7]의 상가건물이 기타지역에 해당하는 충남 태안군에 소재하고 있다고 가정하고 '상가건물임대차보호법'에 따라 온전하게 보호를 받을 수 있는지를 판단해보자. 2014년 2월 28일 당시 기타지역의 환산보증금 기준은 1억 8천만 원 이하이다.

허승환은 환산보증금이 1억 1천만 원, 적용 대상
박남준은 환산보증금이 1억 4천만 원, 적용 대상
김박식은 환산보증금이 1억 4천만 원, 적용 대상
이한성은 환산보증금이 3억 원, 기준 초과
최성실은 환산보증금이 1억 5백만 원, 적용 대상
한남수는 환산보증금이 4억 4천만 원, 기준 초과
남정석은 환산보증금이 2억 2천 5백만 원, 적용 대상
황당해는 환산보증금이 1억 4천 5백만 원, 적용 대상

2014년 2월 28일 기준으로 기타지역에서 상가건물임대차보호법에 따른 소액 최우선변제를 받기 위해서는 환산보증금이 3,000만 원 이하여야 한다. 대항력을 갖추고 해당요건을 충족하면 1,000만 원 까지 최우선 변제를 받을 수 있다. 그런데 임차인 모두 최우선변제 대상이 아니다. 하지만 임차인 이한성, 한남수, 남정석을 제외한 나머지 임차인들은 환산보증금 기준을 충족하고 있는 만큼 순위배당에서 배당을 받을 수 있는 가능성은 남아 있다.

5. 말소기준권리에 따른 구분
: 2018년 1월 26일 ~ 2019년 4월 1일

상가건물임대차보호법의 4차 개정에 따라 환산보증금 기준이
변경되었다. 기준이 변경되었다고 무조건 바뀐 기준이 적용되는 것
은 아니다. 최초 근저당권 설정일이 위 기간 사이에 포함된 경우만
바뀐 법에 따라 보호를 받을 수 있다. 예를 들어 최초 근저당권 설
정일이 '2014년 1월 1일 ~ 2018년 1월 25일'이라면 환산보증금 기
준은 2018년 1월 25일까지 적용되던 기준을 따라야 한다.

주의할 점은 최초 근저당권 설정일이 2015년 5월 13일 이후인
경우에는 환산보증금을 초과하는 임차인도 상가건물임대차보호법
에 따른 대항력을 갖게 되었다는 점이다.

[표 4-8] 상가건물의 등기부 권리 및 임차인 내역

권리의 종류	권리자	점유	등기/확정일자	보증금(채권액)/월세
근저당권	국민은행	–	2018. 9. 3	9억 2천만 원
임차인	허승환	2018. 11. 2	2018. 11. 2	3,000만 원/80만 원
임차인	박남준	2018. 12. 1	2018. 12. 1	2,000만 원/120만 원
임차인	김박식	2019. 1. 9	2019. 1. 10	4,000만 원/100만 원
임차인	이한성	2019. 2. 14	2019. 2. 15	1억 원/200만 원
가압류	농협	–	2019. 2. 19	3억 원
임차인	최성실	2019. 3. 5	2019. 3. 5	1,500만 원/90만 원
가압류	삼화기업	–	2019. 3. 11	1억 원
근저당권	미래상호	–	2019. 4. 16	1억 3천만 원
임차인	한남수	2019. 4. 17	2019. 4. 18	6,000만 원/380만 원
임차인	남정석	2019. 5. 30	2019. 5. 30	5,500만 원/170만 원
임차인	황당해	2019. 7. 14	2019. 7. 14	4,500만 원/100만 원

그럼 위 기간에 적용되던 기준에 따라 각 지역별로 상가건물임대차보호법의 적용여부와 소액최우선변제 대상을 따져 보자.

1) 서울특별시

위 상가건물이 서울특별시에 소재하고 있는 경우라고 가정하자. 이를 기초로 먼저 '상가건물임대차보호법'에 따라 온전하게 보호를 받을 수 있는지 여부를 판단해보자. 2018년 1월 26일 부터 2019년 4월 1일까지 적용되던 서울시의 환산보증금 기준은 6억 1천만 원 이하이다. 최초 근저당권 설정일이 2018년 2월 28일 이기 때문에 환산보증금 기준을 초과하는 후순위 상가건물임차인도 선순위에는 대항할 수 없지만 상가건물임대차보호법에 따른 보호를 받을 수 있다.

허승환은 환산보증금이 1억 1천만 원, 적용 대상
박남준은 환산보증금이 1억 4천만 원, 적용 대상
김박식은 환산보증금이 1억 4천만 원, 적용 대상
이한성은 환산보증금이 3억 원, 적용 대상
최성실은 환산보증금이 1억 5백만 원, 적용 대상
한남수는 환산보증금이 4억 4천만 원, 적용 대상
남정석은 환산보증금이 2억 2천 5백만 원, 적용 대상
황당해는 환산보증금이 1억 4천 5백만 원, 적용 대상

다음으로 소액 최우선변제 대상을 알아보자. 2018년 2월 28일 당시 서울시에서 소액 최우선변제를 받는 기준은 환산보증금 6,500만 원 이하이다. 대항력을 갖추고 해당 요건을 충족하면 2,200만 원까지 소액 최우선변제를 받는다. 임차인 모두 환산보증금 요건을 충족하지 못하고 있어 소액 최우선변제 대상이 아니다.

2) 수도권과밀억제권역(서울특별시 제외), 부산광역시

이번에는 [표 4-8]의 상가건물이 수도권과밀억제권역인 경기도 수원시에 소재하고 있다고 가정한다. 먼저 '상가건물임대차보호법'에 따른 보호를 온전히 받을 수 있는지를 판단해보자. 2018년 1월 26일부터 ~ 2019년 4월 1일에 걸친 기간 동안 수도권과밀억제권역(서울특별시 제외)과 부산광역시의 환산보증금 기준은 5억 원 이하이다. 최초 근저당권 설정일이 2018년 2월 28일 이기 때문에 환산보증금 기준을 초과하는 후순위 상가건물임차인도 선순위에는 대항할 수 없지만 상가건물임대차보호법에 따른 보호를 받을 수 있다.

허승환은 환산보증금이 1억 1천만 원, 적용 대상
박남준은 환산보증금이 1억 4천만 원, 적용 대상
김박식은 환산보증금이 1억 4천만 원, 적용 대상
이한성은 환산보증금이 3억 원, 적용 대상

최성실은 환산보증금이 1억 5백만 원, 적용 대상

한남수는 환산보증금이 4억 4천만 원, 적용 대상

남정석은 환산보증금이 2억 2천 5백만 원, 적용 대상

황당해는 환산보증금이 1억 4천 5백만 원, 적용 대상

다음으로 소액 최우선변제 대상을 알아보자. 2018년 2월 28일 당시 수도권과밀억제권역(서울특별시 제외)과 부산광역시에서 소액 최우선변제를 받는 기준은 환산보증금 5,500만 원 이하이다. 대항력을 갖추고 해당 요건을 충족하면 1,900만 원까지 소액 최우선변제를 받는다. 그런데 임차인 모두 환산보증금 요건을 충족하지 못하고 있다. 당연히 모두 소액 최우선변제 대상이 될 수 없다.

3) 광역시(군지역, 인천광역시, 부산광역시 제외), 세종특별자치시, 파주시, 화성시, 안산시, 용인시, 김포시 및 광주시

[표 4-8]의 상가건물이 광역시인 대구광역시 수성구에 소재하고 있다고 가정한다. 말소기준권리인 국민은행의 근저당권 설정일인 2018년 2월 28일을 기준으로 광역시(군지역과 인천광역시, 부산광역시 제외), 세종특별자치시, 파주시, 화성시, 안산시, 용인시, 김포시, 광주시에서 온전히 '상가건물임대차보호법'의 적용을 받기 위해서는 환산보증금이 3억 9천만 원 이하여야 한다. 최초 근저당권 설정일

이 2018년 2월 28일 이기 때문에 환산보증금 기준을 초과하는 후순위 상가건물임차인도 선순위에는 대항할 수 없지만 상가건물임대차보호법에 따른 보호를 받을 수 있다.

허승환은 환산보증금이 1억 1천만 원, 적용 대상
박남준은 환산보증금이 1억 4천만 원, 적용 대상
김박식은 환산보증금이 1억 4천만 원, 적용 대상
이한성은 환산보증금이 3억 원, 적용 대상
최성실은 환산보증금이 1억 5백만 원, 적용 대상
한남수는 환산보증금이 4억 4천만 원, 적용 대상
남정석은 환산보증금이 2억 2천 5백만 원, 적용 대상
황당해는 환산보증금이 1억 4천 5백만 원, 적용 대상

소액최우선변제 대상 여부를 판단해보자. 해당 상가건물에 최초로 근저당권이 설정된 2018년 2월 28일을 기준으로 광역시(군지역과 인천광역시, 부산광역시 제외), 세종특별자치시, 파주시, 화성시, 안산시, 용인시, 김포시, 광주시에서 온전히 '상가건물임대차보호법'의 적용을 받기 위해서는 환산보증금이 3,800만 원 이하여야 한다. 그런데 임차인 모두 환산보증금이 3,800만 원을 초과하기 때문에 소액최우선변제를 받을 수 없다.

4) 기타지역

　[표 4-8]의 상가건물이 기타지역에 해당하는 충남 태안군에 소재하고 있다고 가정하자. '말소기준권리인 국민은행의 근저당권 설정일인 2018년 2월 28일을 기준으로 기타지역에서 온전히 '상가건물임대차보호법'의 적용을 받기 위해서는 환산보증금이 2억 7천만 원 이하여야 한다. 최초 근저당권 설정일이 2018년 2월 28일 이기 때문에 환산보증금 기준을 초과하는 후순위 상가건물임차인도 선순위에는 대항할 수 없지만 상가건물임대차보호법에 따른 보호를 받을 수 있다.

허승환은 환산보증금이 1억 1천만 원, 적용 대상
박남준은 환산보증금이 1억 4천만 원, 적용 대상
김박식은 환산보증금이 1억 4천만 원, 적용 대상
이한성은 환산보증금이 3억 원, 기준 초과
최성실은 환산보증금이 1억 5백만 원, 적용 대상
한남수는 환산보증금이 4억 4천만 원, 기준 초과
남정석은 환산보증금이 2억 2천 5백만 원, 적용 대상
황당해는 환산보증금이 1억 4천 5백만 원, 적용 대상

　2018년 2월 28일 기준으로 기타지역에서 상가건물임대차보호법에 따른 소액 최우선변제를 받기 위해서는 환산보증금이 3,000

만 원 이하여야 한다. 대항력을 갖추고 해당요건을 충족하면 1,000만 원까지 최우선 변제를 받을 수 있다. 하지만 임차인 모두 최우선 변제 대상이 아니다.

6. 말소기준권리에 따른 구분
: 2019년 4월 2일 ~ 현재

상가건물임대차보호법의 5차 개정에 따라 환산보증금 기준이 변경되었다. 기준이 변경되었다고 무조건 바뀐 기준이 무조건 적용되는 것은 아니다. 최초 근저당권 설정일이 위 기간 사이에 포함된 경우만 바뀐 법에 따라 보호를 받을 수 있다. 예를 들어 최초 근저당권 설정일이 '2018년 1월 26일 ~ 2019년 4월 1일'이라면 환산보증금 기준은 2019년 4월 1일까지 적용되던 기준을 따라야 한다.

다만, 최초 근저당권 설정일이 2015년 5월 13일 이후인 경우에는 환산보증금을 초과하는 임차인도 상가건물임대차보호법에 따른 대항력을 갖게 되었다는 점은 주의해야 한다.

[표 4-9] 상가건물의 등기부 권리 및 임차인 내역

권리의 종류	권리자	점유	등기/확정일자	보증금(채권액)/월세
근저당권	국민은행	–	2019. 9. 3	9억 2천만 원
임차인	허승환	2019. 11. 2	2019. 11. 2	3,000만 원/80만 원
임차인	박남준	2019. 12. 1	2019. 12. 1	2,000만 원/120만 원
임차인	김박식	2020. 1. 9	2020. 1. 10	4,000만 원/100만 원
임차인	이한성	2020. 2. 14	2020. 2. 15	1억 원/200만 원
가압류	농협	–	2020. 2. 19	3억 원
임차인	최성실	2020. 3. 5	2020. 3. 5	1,500만 원/90만 원
가압류	삼화기업	–	2020. 3. 11	1억 원
근저당권	미래상호	–	2020. 4. 16	1억 3천만 원
임차인	한남수	2020. 4. 17	2020. 4. 18	6,000만 원/380만 원
임차인	남정석	2020. 5. 30	2020. 5. 30	5,500만 원/170만 원
임차인	황당해	2020. 7. 14	2020. 7. 14	4,500만 원/100만 원

그럼 지금부터 현재 적용되고 있는 기준에 따라 각 지역별로 상가건물임대차보호법의 적용여부와 소액최우선변제 대상을 따져 보자.

1) 서울특별시

위 상가건물이 서울특별시에 소재하고 있는 경우라고 가정하자. 이를 기초로 먼저 '상가건물임대차보호법'에 따라 온전하게 보호를 받을 수 있는지 여부를 판단해보자. 2019년 4월 2일 부터 현재까지 적용되고 있는 서울시의 환산보증금 기준은 9억 원 이하이다. 최초 근저당권 설정일이 2019년 4월 2일 이기 때문에 환산보증금 기준을 초과하는 후순위 상가건물임차인도 선순위에는 대항할 수 없지만 상가건물임대차보호법에 따른 보호를 받을 수 있다.

허승환은 환산보증금이 1억 1천만 원, 적용 대상
박남준은 환산보증금이 1억 4천만 원, 적용 대상
김박식은 환산보증금이 1억 4천만 원, 적용 대상
이한성은 환산보증금이 3억 원, 적용 대상
최성실은 환산보증금이 1억 5백만 원, 적용 대상
한남수는 환산보증금이 4억 4천만 원, 적용 대상
남정석은 환산보증금이 2억 2천 5백만 원, 적용 대상
황당해는 환산보증금이 1억 4천 5백만 원, 적용 대상

다음으로 소액 최우선변제 대상을 알아보자. 2019년 2월 28일 기준 서울시에서 소액 최우선변제를 받는 기준은 환산보증금 6,500만 원 이하이다. 대항력을 갖추고 해당 요건을 충족하면 2,200만 원까지 소액 최우선변제를 받는다. 임차인 모두 환산보증금 요건을 충족하지 못하고 있어 소액 최우선변제 대상이 아니다.

2) 수도권과밀억제권역(서울특별시 제외), 부산광역시

이번에는 [표 4-9]의 상가건물이 수도권과밀억제권역인 경기도 수원시에 소재하고 있다고 가정한다. 먼저 '상가건물임대차보호법'에 따른 보호를 온전히 받을 수 있는지를 판단해 보자. 2019년 4

월 2일부터 현재까지 수도권과밀억제권역(서울특별시 제외)과 부산광역시의 환산보증금 기준은 6억 9천만 원 이하이다. 최초 근저당권 설정일이 2019년 4월 2일 이기 때문에 환산보증금 기준을 초과하는 후순위 상가건물임차인도 선순위에는 대항할 수 없지만 상가건물임대차보호법에 따른 보호를 받을 수 있다.

허승환은 환산보증금이 1억 1천만 원, 적용 대상
박남준은 환산보증금이 1억 4천만 원, 적용 대상
김박식은 환산보증금이 1억 4천만 원, 적용 대상
이한성은 환산보증금이 3억 원, 적용 대상
최성실은 환산보증금이 1억 5백만 원, 적용 대상
한남수는 환산보증금이 4억 4천만 원, 적용 대상
남정석은 환산보증금이 2억 2천 5백만 원, 적용 대상
황당해는 환산보증금이 1억 4천 5백만 원, 적용 대상

다음으로 소액 최우선변제 대상을 알아보자. 2019년 2월 28일 기준 수도권과밀억제권역(서울특별시 제외)과 부산광역시에서 소액 최우선변제를 받는 기준은 환산보증금 5,500만 원 이하이다. 대항력을 갖추고 해당 요건을 충족하면 1,900만 원까지 소액 최우선변제를 받는다. 그런데 임차인 모두 환산보증금 요건을 충족하지 못하고 있다. 당연히 모두 소액 최우선변제 대상이 될 수 없다.

3) 광역시(군지역, 인천광역시, 부산광역시 제외), 세종특별자치시, 파주시, 화성시, 안산시, 용인시, 김포시 및 광주시

[표 4-9]의 상가건물이 광역시인 대구광역시 수성구에 소재하고 있다고 가정한다. 말소기준권리인 국민은행의 근저당권 설정일인 2019년 2월 28일을 기준으로 광역시(군지역과 인천광역시, 부산광역시 제외), 세종특별자치시, 파주시, 화성시, 안산시, 용인시, 김포시, 광주시에서 온전하게 '상가건물임대차보호법'의 적용을 받기 위해서는 환산보증금이 5억 4천만 원 이하여야 한다. 최초 근저당권 설정일이 2019년 2월 28일 이기 때문에 환산보증금 기준을 초과하는 후순위 상가건물임차인도 선순위에는 대항할 수 없지만 상가건물임대차보호법에 따른 보호를 받을 수 있다.

허승환은 환산보증금이 1억 1천만 원, 적용 대상
박남준은 환산보증금이 1억 4천만 원, 적용 대상
김박식은 환산보증금이 1억 4천만 원, 적용 대상
이한성은 환산보증금이 3억 원, 적용 대상
최성실은 환산보증금이 1억 5백만 원, 적용 대상
한남수는 환산보증금이 4억 4천만 원, 적용 대상
남정석은 환산보증금이 2억 2천 5백만 원, 적용 대상
황당해는 환산보증금이 1억 4천 5백만 원, 적용 대상

소액최우선변제 대상 여부를 판단해보자. 해당 상가건물에 최초로 근저당권이 설정된 2019년 2월 28일을 기준으로 광역시(군지역과 인천광역시, 부산광역시 제외), 세종특별자치시, 파주시, 화성시, 안산시, 용인시, 김포시, 광주시에서 '상가건물임대차보호법'의 적용을 받기 위해서는 환산보증금이 3,800만 원 이하여야 한다. 그런데 임차인 모두 환산보증금이 3,800만 원을 초과하기 때문에 소액최우선변제를 받을 수 없다.

4) 기타지역

[표 4-9]의 상가건물이 기타지역에 해당하는 충남 태안군에 소재하고 있다고 가정하자. '말소기준권리인 국민은행의 근저당권 설정일인 2018년 2월 28일을 기준으로 기타지역에서 온전히 '상가건물임대차보호법'의 적용을 받기 위해서는 환산보증금이 3억 7천만 원 이하여야 한다. 최초 근저당권 설정일이 2019년 2월 28일 이기 때문에 환산보증금 기준을 초과하는 후순위 상가건물임차인도 선순위에는 대항할 수 없지만 상가건물임대차보호법에 따른 보호를 받을 수 있다.

허승환은 환산보증금이 1억 1천만 원, 적용 대상

박남준은 환산보증금이 1억 4천만 원, 적용 대상

김박식은 환산보증금이 1억 4천만 원, 적용 대상

이한성은 환산보증금이 3억 원, 기준 초과

최성실은 환산보증금이 1억 5백만 원, 적용 대상

한남수는 환산보증금이 4억 4천만 원, 기준 초과

남정석은 환산보증금이 2억 2천 5백만 원, 적용 대상

황당해는 환산보증금이 1억 4천 5백만 원, 적용 대상

2019년 2월 28일 기준으로 기타지역에서 상가건물임대차보호법에 따른 소액 최우선변제를 받기 위해서는 환산보증금이 3,000만 원 이하여야 한다. 대항력을 갖추고 해당요건을 충족하면 1,000만 원까지 최우선 변제를 받을 수 있다. 하지만 임차인 모두 최우선 변제 대상이 아니다.

7. 상가건물 권리분석

상가건물의 권리분석이라고 해서 특별할 것은 없다. 가장 먼저 말소기준권리를 찾은 후 인수할 권리와 말소되는 권리를 살펴보면 된다. 주택의 권리분석과 다를 바가 하나도 없다. 만일 말소기준권

[표 4-10] 상가건물 권리관계 예시

물건번호	1		
사건번호	2020타경 00000호	용도	상가
감정평가액	3,100,000,000	채권자	국민은행
최저경매가	2,480,000,000	채무자	황당해
입찰보증금	248,200,000	소유자	황당해
청구금액	2,357,000,000	건물면적	
경매대상		토지면적	
특이사항			

물건내역	진행결과	법원임대차/ 주민등록현황	등기부 권리관계
서울시 강남구 삼성동 355-3 대지 : 330㎡ 건물 총 3층 　1층 대중음식점 165㎡ 　2층 대중음식점 165㎡ 　3층 사무실　165㎡ 　4층 사무실　150㎡ 　제시 외 : 옥탑 및 보일러 66㎡ 보존등기 2001. 2. 10	유찰 10. 7. 1 80%	신나게부대찌개(1층) 점유 2016. 3. 25 사업자등록 2016. 3. 26 확정 2016. 3. 26 보 2억 원/700만 원 서해참치(2층, 1/2) 점유 2016. 5. 17 사업자등록 2016. 5. 31 확정 2016. 5. 31 보 1억 원/170만 원 탑통상(2층, 1/2) 점유 2017. 2. 14 사업자등록 2017. 3. 15 확정 2017. 3. 15 보 8천만 원/160만 원 해피라이프(3층, 1/2) 점유 2018. 5. 1 사업자등록 2018. 5. 10 확정 2018. 5. 10 보 4천만 원/100만 원 (주)더블클릭(3층, 1/2) 점유 2018. 6. 7 사업자등록 2018. 6. 10 확정 2018. 6. 10 보 4천만 원/90만 원 (주)반달스포츠(4층) 점유 2020. 3. 2 사업자등록 2020. 3. 4 확정 2020. 3. 4 보 5천만 원/180만 원	소유권보존 2001. 2. 10 소유권이전 2015. 5. 15 **근저당 국민은행 2015. 5. 15 26억 원** 근저당 김판돌 2017. 10. 30 3억 원 임의경매 국민 20. 3. 1 청구금액 23억 원

리보다 선순위 권리가 있다면 가급적 피하는 것이 좋다. 누차 강조하지만 쉬운 물건도 많은데 굳이 어렵고 복잡한 물건에 매달려 아까운 시간을 허비할 필요가 없다.

[표 4-10]을 보자. 서울특별시에 소재하고 있는 상가건물이고, 최초 근저당권 설정일이 2015년 5월 15일이다. 2015년 5월 13일 상가건물임대차보호법의 개정으로 환산보증금 요건을 충족하지 못하는 임차인도 최우선변제는 받지 못한다 해도 대항력은 갖는다. 상가건물임대차보호법에 따른 보호를 받을 수 있다는 의미다.

최초 근저당권 설정일인 2015년 5월 15일 기준 서울특별시의 소액최우선변제 기준은 환산보증금 6,500만 원 이고, 요건을 모두 갖추면 2,200만 원까지 최우선변제를 받는다. 이제 분석을 위해 등기사항전부증명서상 권리와 임차권을 성립순서별로 정리해 보자.

[표 4-11] 등기부 및 임차권 권리 순서

노파심에서 짚고 넘어가야 할 부분이 있다. 말소기준권리가 2015년 5월 13일 이후 설정된 경우 경매를 위한 권리분석과정에서 상가건물임대차보호법에 따른 환산보증금을 계산하는 것이 큰 의미가 없다는 점이다. 예를 들어 환산보증금 기준을 초과하지만 말소기준권리보다 먼저 성립된 근저당권인 경우 주택과 마찬가지로 선순위 임차인이 배당요구를 했느냐를 보고 낙찰가액을 결정하면 된다. 즉, 신나게부대찌게의 점유와 사업자등록일이 국민은행 근저당보다 앞선다면 입찰참가에 앞서 배당요구 유무를 반드시 점검해야 한다.

원칙적으로 [그림 4-11]을 보면 모든 상가임차인들이 정도의 차이만 있을 뿐 상가건물임대차보호법의 적용을 받는다. 따라서 소액최우선변제 유무만 검토해 보도록 하자.

신나게 부대찌개는 환산보증금이 8억 원, 소액최우선변제 대상 아님
서해참치는 환산보증금이 2억 7천만 원, 소액최우선변제 대상 아님
탑통상은 환산보증금이 2억 4천만 원, 소액최우선변제 대상 아님
해피라이프는 환산보증금이 1억 4천만 원, 소액최우선변제 대상 아님
(주)더블클릭은 환산보증금이 1억 3천만 원, 소액최우선변제 대상 아님
(주)반달스포츠는 환산보증금이 2억 3천만 원, 소액최우선변제 대상 아님

임차인 모두 환산보증금이 소액최우선변제 기준(환산보증금 6,500만 원)을 넘어 상가건물임대차보호법에 따른 소액최우선변제대상이

아니다. 마지막 단계로 최종적인 배당을 해보자. 단, 경매비용은 500만 원, 낙찰가격은 27억 원이라고 가정한다.

1순위	경매비용	500만 원
2순위	최우선변제	-
3순위	국민은행	23억 원
4순위	신나게부대찌개	2억 원
5순위	서해참치	1억 원
6순위	탑통상	8,000원
7순위	해피라이프	1,500원
8순위	김판돌	-

경매비용은 항상 가장 먼저 배당을 받는다. 그 다음은 소액최우선 변제를 받을 차례지만, 본 경매물건은 해당 사항이 없다. 소액최우선 변제가 마무리되면 순위배당이 실시된다. 순위배당은 권리성립순서에 따라 국민은행→신나게부대찌게 → 서해참치 → 탑통상 → 해피라이프 → 김판돌 → (주)더블클릭 → (주)반달스포츠의 순서로 배당이 이루어진다. 6순위 탑통상까지는 채권(보증금)을 모두 확보하고, 김판돌은 간신히 1천 5백만 원을 배당받으며, 나머지는 배당 고갈로 한 푼도 받지 못한다. 여러 가지 권리가 있어 복잡하게 보여도 권리분석은 단순한 경매물건이다.

수익성 부동산 경매 참가 :
제2단계 – 상가건물에 대한 현황 분석

경매로 상가를 구입하려면 특히 현황 분석이 중요하다고 생각한다. 경매든 일반 매매든 간에 구매 방식과 관계없이 상가를 구입하는 이유는 대부분 임대 수익 때문이다. 상가를 구입했다 실패를 경험한 사람들의 사례를 살펴보면 현황 분석을 철저히 하지 못했다는 공통점을 발견한다. 상가는 구입하는 순간부터 적정 수준의 수익이 창출되어야 한다. 물론 오랜 시간을 두고 천천히 수익이 증가하는 것도 나쁘지는 않다. 다만 그 수익이 턱없이 낮은 수준에 머물다 정상 수준으로 올라온다면 심각한 문제가 된다.

경매에 나온 상가들은 일반 매물에 비해 다양성이 떨어진다.

그만큼 종류는 물론 절대 매물 건수도 적다. 일반 매물로 상가를 구입하는 것에 비해 경매로 상가를 구입할 때 보다 철저한 현황 분석이 필요한 이유이다.

상가건물 경매에 참가하기 위한 가장 기초적인 사항 역시 주택 경매 참가를 위해 꼭 고려해야 하는 기초적인 사항과 같다. 바로 권리분석이다. 낙찰을 받기 위한 가장 중요하면서도 기초적인 사항이 권리분석이라면, 낙찰 이후 실수요나 투자 수익 창출을 위해 가장 중요한 것은 상가건물 자체에 대한 현황 분석이다. 현황 분석에는 현재 상태에서의 주변 환경, 시세 흐름, 실현 가능한 임대 수익과 앞으로 임대 수익이 상승할 가능성 등이 포함된다.

1. 주변 환경 분석

주변 환경 분석에서 우선적으로 고려해야 할 사항은 대략 다섯 가지 정도이다.

가장 우선적으로는 사람의 주목을 받을 만한 곳이어야 한다. 사람의 시선에 자주 노출되면 될수록 상가에 입점해 있는 가게의 인지도는 향상되며, 곧 매출로 연결되어 긍정적인 순환이 일어난다. 그러면 세입자는 장사가 잘돼 좋고, 건물주는 건물 가치가 상승해서 좋다. 그야말로 꿩 먹고 알 먹는 상가가 된다.

두 번째, 접근이 용이해야 한다. 사람의 주목은 많이 받아도 접근하기가 어렵다면 선택해서는 안 된다. 접근로 없이 고속도로 옆에 상가를 조성한다고 생각해 보라. 아무리 눈에 띄어도 접근하기 어려우면 모두 헛수고이다.

세 번째, 사람들이 필요로 하는 물건을 취급하는 점포가 함께 있으면서 어느 정도 이상의 사람들이 늘 드나드는 지역이 좋다. 가게 매출이 꾸준해 세입자로부터 임대료 받기가 용이하기 때문이다. 장사가 잘되는 상가는 주인이 큰소리치면서 임대료를 받지만, 장사가 안 되는 상가는 주인이 세입자 눈치 보기 바쁘다는 사실을 명심하라.

네 번째, 인근 지역에 위치한 유사 상가의 권리금이 높은 곳이 좋다. 권리금이 높다는 말은 그만큼 장사가 잘되는 곳이라는 의미이다. 임대료 문제로 골치를 앓을 일도 없고, 언제나 세입자가 세를 얻고 싶어 기다리기 마련이다. 임대 문제에서 자유로워서 처분 시에 큰 이득을 얻을 수 있다.

다섯 번째, 인근 지역에 해당 상가와 경쟁할 만한 상가가 있는지, 더 나아가 새로 건축될 상가가 있는지를 알아보아야 한다. 경쟁 상가의 유동인구 흡입력은 본인 상가에 직접적인 영향을 끼치기 때문이다.

2. 시세 파악, 인터넷을 활용하자

정확한 권리분석을 바탕으로 낙찰받아도 아무 하자가 없다는 결론을 내렸음에도 막상 상가건물 경매에 참가하려고 하면 주택과는 또 다른 막연한 두려움이 앞선다. '과연 낙찰받아서 임대 수익을 안정적으로 기대할 수 있을까?' 하는 생각 때문이다.

혹자는 '임대 목적으로 낙찰받는 편이 당장 처분하기 위한 목적으로 낙찰받기보다 마음도 여유롭고 시간적으로도 충분한 만큼 손쉽게 접근하지 않겠는가?'라고 말하기도 한다. 100% 틀린 말은 아니다. 다시 한 번 생각해 보라. 시간적 여유가 있다고 해서 항상 돈이 되지는 않는다. 어쩌면 시간이 지날수록 손해를 보거나 겨우 본전만 건지는 수준이 될지도 모른다. 당연히 고민의 깊이는 더욱 커지지 않을까!

100% 성공을 보장하는 투자란 애초부터 불가능하다고 이미 말했다. 그래서 사전에 철저한 준비가 필요한 것이다. 현재 낙찰받고자 하는 상가건물이 어떤 특징을 갖고 있는지, 시세는 어느 정도 수준에서 형성되어 있고, 적정 임대 가격은 어느 정도인지 등에 대한 종합적인 분석을 입찰 전에 해두어야 한다.

주택처럼 시세 파악은 크게 두 가지 단계를 거치는 것이 좋다. 첫 번째는 손품을 파는 단계(인터넷 활용)이고, 두 번째는 발품을 파는 단계(공인중개소 활용)이다.

우선 제1단계인 손품을 파는 단계를 살펴보자. 손품을 팔 때 참고할 만한 곳은 주택과 동일하다. 부동산 포털 사이트에서는 부동산과 관련된 거의 모든 정보를 자세하게 제공해 주고 있다. 상가 관련 정보를 얻기 위해 필자는 4곳 정도를 활용하곤 한다. 중앙일보 조인스랜드부동산(www.joinsland.com), 부동산뱅크(www.neonet.co.kr), 부동산114(www.r114.com), KB부동산 리브온(onland.kbstar.com) 등이다.

다음으로 스마트폰 앱도 활용하곤 한다. 부동산플래닛, 네모, 밸류맵, 한국감정원 부동산정보 등이다. 매우 유용한 앱이기 때문이다. 틈날 때마다 사이트나 앱에 접속해 낙찰 받으려는 지역의 상권과 관련된 소식과 임대료, 매매가격 수준에 대한 정보 수집을 부지런히 하면 원하는 지역의 상가건물 시장 전반에 대한 감을 익히게 된다. 그러다 보면 낙찰 받은 이후 충분한 수익 창출을 기대할 수 있다.

3. 시세 파악, 공인중개소를 활용하자

손품을 팔아 낙찰받으려는 지역의 상가건물이나 해당 지역 상가건물 시장의 흐름에 대한 감을 키운 상태라면, 최종적으로 보다 정확한 현장의 목소리에 귀 기울여야 할 단계이다. 손품 팔기를 통해 수집된 자료들은 자료 수집, 분석, 공개에 이르는 과정에서 무시할 수 없는 수준의 시차가 존재한다. 현장의 목소리를 그대로 전달하는 데에도 한계가 있기 마련이다.

보다 정확한 현장의 목소리를 듣기 위해서는 낙찰받으려는 부동산이 존재하는 지역의 공인중개소를 방문해 보자. 해당 부동산과 관계되는 매매 가격, 임대 가격 등에 대한 의견을 청취하고, 해당 지역의 상가건물 시장에 대한 정보도 정확히 파악하도록 한다. 그 과정을 통해 공인중개소와 친밀한 유대 관계를 구축함으로써 낙찰받은 후의 임대 수익이나 매매 수익 창출에 큰 도움을 받을 수 있다.

공인중개소를 방문하여 의견을 구할 때 주의할 점은 솔직하게 방문 목적을 말하는 것이다. 간혹 목적을 밝히지 않은 채 이리저리 에두르며 정보를 구하려는 투자자들이 있다. 그렇게 해서 필요한 정보를 얻을 확률은 거의 0%에 가깝다고 해도 무방하다. 공인중개소에는 부동산 경매에 참가하려는 투자자들이 자주 들러 정보를 구한다. 공인중개사들은 한마디만 들어도 경매에 참가하려는 사람인지, 매매를 의뢰하려는 고객인지를 파악한다. 솔직하게 방문 목적을 말하고 필요한 정보를 얻어야 한다.

이때 가장 우선적으로 파악해야 할 내용은 낙찰받은 후 임대에 소요될 것으로 예상되는 기간, 예상 임대 가격, 향후 임대료 상승이나 하락 요인, 예상 매매 가격, 상권과 관련된 정보 등이다.

공인중개소를 통해 얻어야 할 정보
- 임대에 소요될 것으로 예상되는 기간
- 예상 임대 가격
- 향후 임대료 상승이나 하락 요인
- 예상 매매 가격
- 상권과 관련된 정보

　상가건물은 대표적인 수익성 부동산이다. 통상 임대 수익 창출을 목적으로 하기에 장기간 보유하게 되고, 그에 따라 많은 임차인들이 들어오고 나간다. 당연히 공인중개소를 자주 이용하게 되어 공인중개사의 역할이 매우 크다. 가는 정이 있어야 오는 정도 있다. 공인중개사들과 돈독한 관계를 맺기 위한 노력도 반드시 필요하다는 점을 잊지 말자.

수익성 부동산 경매 참가 :
제3단계 – 미래가치 분석

상가건물 경매에 참가하는 많은 투자자들은 임대 수익 창출이 우선인 경우가 많다. 그동안 상가건물 시장의 흐름을 보면, 단순히 눈앞의 임대 수익만 추구하는 사람보다 임대 수익과 투자가치라는 두 마리 토끼를 모두 잡는, 이른바 '꿩 먹고 알 먹고' 식의 성공을 추구하는 투자자일수록 확실한 임대 수익을 창출해 왔다는 사실을 어렵지 않게 확인할 수 있다.

임대 수익이라는 단 하나의 목표만을 바라보며 투자를 했는데, 왜 임대 수익과 미래가치라는 두 가지 목표를 동시에 추구한 투자에 비해 임대 수익 창출이 여의치 않을까? 여러 가지 원인이 있겠

으나, 가장 큰 원인은 눈앞의 임대 수익만 지나치게 쫓다가 장기적으로 양호한 임대 수익을 창출할 상가건물을 놓치고 있다는 점이다. 경매 입찰에 앞서 낙찰받으려는 상가건물의 미래가치까지 고려하여 분석하는 과정이 반드시 필요하다.

1. 매수 목적은? :
임대 수익 창출 VS 매도를 통한 수익 창출

단기 차익을 노리고 상가건물을 낙찰받는 경우가 최근에 부쩍 증가하고 있다. 그러다 보니 매매가 이루어지지 않아 어쩔 수 없이 임대로 전환하는 사례를 어렵지 않게 접한다. 한편으로는 낙찰받아서 조금 남기고 처분했더니 몇 년 후 엄청난 임대 수익을 창출하는 노른자 상가건물로 변해 속 쓰려 하는 투자자들도 종종 접한다. 모두가 처음부터 매수 목적을 분명히 하지 않았거나, 정확한 시세 파악과 미래가치에 대한 분석이 없었기 때문에 발생하는 현상들이다. 경매 참가자는 처음부터 매수 목적을 분명히 하고 낙찰받아야 한다. 사전에 시세 파악과 미래가치에 대한 분석이 선행되어야 함은 물론이다.

만일 현재 가격 대비 미래가치가 크지 않다고 예상되지만, 가격 측면에서 수익 창출이 가능한 수준으로 충분히 하락한 매물을 낙찰받기 원한다고 하자. 그때는 낙찰 후 즉시 매도하는 전략을 수립하는 것이 타당하다. 욕심을 부리기보다는 자금 회전을 위해 수익이 적더라도 신속하게 처분해야 한다. 반면 가격 측면에서 당장 큰 수익을 기대하기는 어렵지만, 미래가치 측면에서 가격 상승을 기대할 만한 상가건물이라면 낙찰 후 즉시 매도하기보다는 일정 기간 보유하다 매도하는 전략이 타당하다. 사실 상가건물은 안정적인 임대 수익 창출에 좀 더 무게를 두고 투자 전략을 수립하는 편이 좋다.

2. 목표 보유 기간은?

주택과 마찬가지로 목표 보유 기간 역시 낙찰받기 전에 반드시 고려해야 하는 요소이다. 목표 보유 기간은 매수 자금과 직접적으로 연결되기 때문이다. 예를 들어 경락 잔금을 대출받아서 상가건물을 구입했다고 하자. 상가건물은 주택보다 높은 이자를 부담하는 것이 일반적이다. 당연히 주택에 비해 대출 이자 부담이 가중되어 장기간 보유하기 부담스러운 상황에 처하기 쉽다.

부동산 시장이 침체기에 있다면 더더욱 부담 요인으로 작용한다. 당초 목표한 보유 기간을 채우지 못할뿐더러 경우에 따라서는 손절매해야 하는 상황에 직면하기도 한다. 돈 벌자고 시작한 경매가 오히려 돈을 까먹는 원인이 되고 마는 것이다. 아무리 미래가치가 높다고 해도 지금 당장 견딜 여건이 되지 않는다면 미래가치도 그림의 떡에 지나지 않다.

무엇보다 현실적인 목표 보유 기간을 설정하는 것이 중요하다. 당장의 임대 수익보다는 미래가치가 높다고 예상되는 상가건물을 낙찰받기 원한다면 더더욱 그렇다. 소요 자금 계획을 수립하는 단계에서부터 자금의 성격과 규모를 고려한 목표 보유 기간을 수립해야 한다.

3. 상권 호재 요인은?

상권을 크게 움직일 호재 요인은 무엇이 있을까? 미래가치를 담보하는 중요한 요인들로는 신규 역세권 편입 등의 교통 편리성 증대, 대규모 입주 같은 상권 주변의 세대 증가, 재개발이나 재건축 등을 통한 시세 차익의 실현 가능성 등이 있다.

교통 편리성의 증대는 사람들을 불러들이는 효과가 있다. 유동인구 증가는 상권의 파워를 증대시키는 가장 강력한 요인이어서 관련되는 호재 요인이 있는 지역을 주목할 필요가 있다.

대규모 입주 같은 상권 주변의 세대 증가는 상권을 보다 활성화시키는 가장 직접적인 요인이 된다는 점에서 주목해야 한다. 상권 주변의 세대가 증가하면 통상적으로 상가 매출에 곧바로 연결된다. 매출 증대→상권 활성화→임대 수요 증가→임대 가격 상승→상가건물의 매매 가격 상승이라는 선순환이 기대되는 요인이다.

상가건물 투자에 있어 최근까지 가장 대표적인 호재 요인 가운데 하나로 손꼽히던 것이 바로 재개발과 재건축이었다. 통상 재개발이나 재건축이라는 호재가 발생하면 상가건물 가격이 상승하기 마련이었다. 하지만 이제는 재개발이나 재건축이 무조건적으로 상가건물 가격의 상승을 견인하는 호재 요인이라고 단정 짓기 어려운 시대가 되었다. 상가 수요가 끊임없이 있는 곳, 국토종합계획·수도권광역도시계획·도시기본계획 등에서 거점 지역으로 중요한 역할을 수행하리라 기대를 모으는 지역, 자족 기능이 뛰어난 지역 등에 소재하고 있어 재개발이나 재건축 후 상권의 파워가 증가하리라 예상되는 지역에 해당되어야만 시세 차익을 기대할 수 있다.

사실 위와 같은 지역은 낙찰경쟁률도 심하고 낙찰가격도 높아지는 추세이다. 소액 투자자들이 접근하기에는 다소 무리가 따른다. 그렇다면 소액 투자자들은 호재 요인이 있는 상가건물에 투자하기가 어려울까? 전혀 그렇지 않다. 틈새를 노리면 충분히 가능하다. 현재 주변의 상권이 열악하여 상가건물에 대한 수요가 없어도 장기적인 측면에서 교통 편리성이 증대할 요인이 존재하거나, 몇 년 후 입주 세대가 큰 폭으로 증가하리라 예상되는 곳, 재개발이나 재건축을 통해 불량한 환경이 제거될 가능성이 있는 지역 등을 찾아보라. 그런 곳은 미래가치가 크게 상승할 지역인 만큼 틈새시장으로 적극 노려볼 필요가 있는 곳이다.

4. 상가건물에 대한 수요가 꾸준한가?

상가건물에 대한 수요가 꾸준하게 있는 곳은 나름의 특징이 있다. 지금 현재 자족 기능, 교육 인프라, 쇼핑 편의 시설 등이 잘 갖춰진 우량 주거 지역보다는 이러한 조건들을 하나씩 갖춰 나가고 있는 지역일수록 상가건물에 대한 수요가 꾸준하게 증가한다. 또한 상권의 규모를 파악하기 위한 가장 효과적이고 공신력 있는 데이터라고 할 인구 및 세대수 관련 자료를 적극적으로 활용하도록 한다. 결국 상권의 파워는 배후 세대수와 유동인구에 의해 결정되고, 그중에서도 배후 세대수는 해당 상가건물이 특급 상권에 입지하고 있지 않는 한 임대 수익 창출과 직접적으로 연결된다.

우리나라 전체 인구나 세대수와 관련된 자료는 통계청 홈페이지에 접속하기만 하면 아주 상세하게 확인 가능하다. 각 시·군·구

홈페이지에 접속해도 낙찰받으려는 상가건물이 소재하고 있는 시·군·구의 인구 및 세대수를 편리하게 확인할 수 있다. 낙찰받기 전에 반드시 확인하는 습관을 들이도록 하자.

상가의 층별 용도가 바뀌고 있다.

수익성 부동산의 대표라고 할 수 있는 상가에서 수십 년간 지속되어 오던 층별 용도에 변화가 일고 있다. 좀처럼 바뀔 것 같지 않았던 상가의 층별 용도가 바뀌기 시작했다는 점에서 주목해 볼 필요가 있다. 특히 1층에 위치하고 있던 업종들에서 이와 같은 현상이 나타나고 있다. 당연히 1층에 자리 잡고 있어야 할 은행, 약국, 부동산 등과 같은 1층 전용 업종들이 우리가 의식하지 못하는 사이에 하나둘씩 1층 이외의 층수로 이동하더니, 이제는 1층이 아닌 2층 등에 은행이나 약국, 부동산 등이 자리 잡는 것을 해당 업종 관계자들뿐만 아니라 소비자들조차도 전혀 어색하지 않게 받아들이고 있는 것이다.

이런 현상이 발생한 가장 큰 원인은 갈수록 치솟는 1층 상가의 분양가 상승에서 찾을 수 있다. 고가에 상가를 분양받으면 임대료 상승은 피할 수 없다. 따라서 1층 전용 업종들이 1층 이외의 층수로 이동하는 현상은 합리적인 선택이자 피할 수 없는 선택이다.

현재 상가의 층별 용도 파괴 현상의 추세는 상가 분양 가격이 치솟는 현실을 감안할 때 점차 1층 이외의 층수로까지 확대될 가능성이 있다. 그렇다면 상가의 층별 용도 파괴 현상은 상가 시장에 어떤 영향을 주게 될까?

상가 매수자들이 높은 분양가를 무릅쓰고 상가를 분양받는 이유는 자신이 분양받은 상가가 손쉽게 임대가 가능할 것이라는 예측이 가능하기 때문이다. 이 때문에 임대료는 임차인이 선뜻 나서기 부담스러운 수준에 이르기 전까지는 지속적으로 상승하게 될 것이고, 임차인들은 늘어나는 임대료 부담을 피할 수 없을 것으로 예상된다.

상권이 좋은 곳에는 못 미치겠지만, 상권이 좋지 않은 곳 역시 상권이 좋은 상가들의 분양 가격 상승의 여파로 신규 분양 가격이 상승할 것으로 예상된다. 그러나 상권이 좋지 않은 상가의 임차인들과 상권이 좋은 상가의 임차인들의 상황은 크게 다르기 때문에 곧 임대료가 부담스러운 수준에 이르게 된다. 높은 임대료를 견디지 못한 임차인들이 몇 차례 바뀌면서 점차 상가 주인들은 임대료를 낮추든가, 아니면 공실로 남겨 두게 된다.

상황이 여기에 이르면 임차인들도 두 가지 종류의 선택에 직면하게 된다. 첫 번째는 높은 임대료 부담을 감수하고서 상권이 좋은 지역의 상가로 이동하는 것이고, 두 번째는 보다 저렴한 상가를 찾는 것이다. 첫 번째 선택은 상가의 임대료를 올리는 요인으로 작용해 상가 가격 상승 요인이 되는 반면, 두 번째 선택은 상권이 좋지 않은 상가의 임대료를 낮추는 요인으로 작용해 수익률 하락으로 인한 상가 가격의 하락 요인이 된다. 이런 현상이 지속적으로 나타나면 결국 상가 가격의 양극화로 이어지게 되는 것이다.

상가 투자를 계획하고 있는 투자자들은 이와 같은 임대 패턴의 변화에 어떻게 대처해 나가야 할까? 우선 자신이 투자하려는 상가가 위치하고 있는 상권이 어떤 곳인지 면밀히 분석해야 한다. 현재와 미래의 상권에 영향을 미치는 요인들, 예를 들어 신규 도로의 개통, 역세권 편입, 대규모 아파트 입주 등과 같이 상권을 크게 뒤바꿀 요인들에 대한 철저한 분석이 선행되어야 한다. 그 다음으로 상권이 좋은 지역이라면 층별 용도 파괴 현상이 일어나는 지역인지를 면밀하게 분석할 필요가 있다. 이를 통해 1층에 비해 적은 투자로 1층 못지않은 수익률을 기대해도 좋기 때문이다.

상가의 층별 용도 파괴 현상! 상가 투자의 새로운 틈새상품이 될 전망이다!

Step 4
총정리

1. 상가건물임대차보호법에 따른
보호 대상 여부는 환산보증금을 기준으로 한다.
이때 최초 말소기준권리가 설정된 날짜에 따라
적용되는 기준 시기가 다르다.

[표 4-12]는 상가건물임대차보호법 제정 당시부터
현재까지의 환산보증금 기준을 정리한 표이다.

[표4-12] 상가건물임대차보호법 보호 기준

지역		환산 보증금
2002. 11.1~ 2008. 8. 20	서울특별시	2억 4천만 원 이하
	과밀억제권역(서울특별시 제외)	1억 9천만 원 이하
	광역시(군지역과 인천광역시 제외)	1억 5천만 원 이하
	기타지역	1억 4천만 원 이하
2008. 8. 21~ 2010. 7. 25	서울특별시	2억 6천만 원 이하
	과밀억제권역(서울특별시 제외)	2억 1천만 원 이하
	광역시(군지역과 인천광역시 제외)	1억 6천만 원 이하
	기타지역	1억 5천만 원 이하
2010. 7. 26~ 2013. 12. 31	서울특별시	3억 원 이하
	과밀억제권역(서울특별시 제외)	2억 5천만 원 이하
	광역시(군지역과 인천광역시 제외), 안산시, 용인시, 김포시 및 광주시	1억 8천만 원 이하
	기타지역	1억 5천만 원 이하
2014. 1. 1~ 2018. 1. 25	서울특별시	4억 원 이하
	과밀억제권역(서울특별시 제외)	3억 원 이하
	광역시(군지역, 인천광역시 제외), 안산시, 용인시, 김포시 및 광주시	2억 4천만 원 이하
	기타지역	1억 8천만 원 이하
2018. 1. 26~ 2019. 4. 1	서울특별시	6억 1천만 원 이하
	수도권과밀억제권역(서울특별시 제외) 및 부산광역시	5억 원 이하
	광역시(군지역, 인천광역시, 부산광역시 제외), 세종특별자치시, 파주시, 화성시, 안산시, 용인시, 김포시 및 광주시	3억 9천만 원 이하
	기타지역	2억 7천만 원 이하
2019. 4. 2~	서울특별시	9억 원 이하
	수도권과밀억제권역(서울특별시 제외) 및 부산광역시	6억 9천만 원 이하
	광역시(군지역, 인천광역시, 부산광역시 제외), 세종특별자치시, 파주시, 화성시, 안산시, 용인시, 김포시 및 광주시	5억 4천만 원 이하
	기타지역	3억 7천만 원 이하

2. 환산보증금 계산 공식

환산보증금 = 보증금 + (월세 × 100)

3. 상가건물임대차보호법에 따른 소액 최우선변제를 받기 위해서는 1단계로 상가건물임대차보호법의 적용 대상인지를 확인하고, 2단계로 소액 최우선변제 대상인지를 확인하면 된다.

[표4-13] 상가건물임대차보호법의 소액 최우선변제 기준

지역		환산 보증금	보증금	소액최우선
2002. 11.1~ 2008. 8. 20	서울특별시	2억 4천만 원 이하	4,500만 원 이하	1,350만 원
	과밀억제권역(서울특별시 제외)	1억 9천만 원 이하	3,900만 원 이하	1,170만 원
	광역시(군지역과 인천광역시 제외)	1억 5천만 원 이하	3,000만 원 이하	900만 원
	기타지역	1억 4천만 원 이하	2,500만 원 이하	750만 원
2008. 8. 21~ 2010. 7. 25	서울특별시	2억 6천만 원 이하	4,500만 원 이하	1,350만 원
	과밀억제권역(서울특별시 제외)	2억 1천만 원 이하	3,900만 원 이하	1,170만 원
	광역시(군지역과 인천광역시 제외)	1억 6천만 원 이하	3,000만 원 이하	900만 원
	기타지역	1억 5천만 원 이하	2,500만 원 이하	750만 원
2010. 7. 26~ 2013. 12. 31	서울특별시	3억 원 이하	5,000만 원 이하	1,500만 원
	과밀억제권역(서울특별시 제외)	2억 5천만 원 이하	4,500만 원 이하	1,350만 원
	광역시(군지역과 인천광역시 제외), 안산시, 용인시, 김포시 및 광주시	1억 8천만 원 이하	3,000만 원 이하	900만 원
	기타지역	1억 5천만 원 이하	2,500만 원 이하	750만 원

2014. 1. 1~ 2018. 1. 25	서울특별시	4억 원 이하	6,500만 원 이하	2,200만 원
	과밀억제권역(서울특별시 제외)	3억 원 이하	5,500만 원 이하	1,900만 원
	광역시(군지역, 인천광역시 제외), 안산시, 용인시, 김포시 및 광주시	2억 4천만 원 이하	3,800만 원 이하	1,300만 원
	기타지역	1억 8천만 원 이하	3,000만 원 이하	1,000만 원
2018. 1. 26~ 2019. 4. 1	서울특별시	6억 1천만 원 이하	6,500만 원 이하	2,200만 원
	수도권과밀억제권역(서울특별시 제외) 및 부산광역시	5억 원 이하	5,500만 원 이하	1,900만 원
	광역시(군지역, 인천광역시, 부산광역시 제외), 세종특별자치시, 파주시, 화성시 안산시, 용인시, 김포시 및 광주시	3억 9천만 원 이하	3,800만 원 이하	1,300만 원
	기타지역	2억 7천만 원 이하	3,000만 원 이하	1,000만 원
2019. 4. 2~	서울특별시	9억 원 이하	6,500만 원 이하	2,200만 원
	수도권과밀억제권역(서울특별시 제외) 및 부산광역시	6억 9천만 원 이하	5,500만 원 이하	1,900만 원
	광역시(군지역, 인천광역시, 부산광역시 제외), 세종특별자치시, 파주시, 화성시 안산시, 용인시, 김포시 및 광주시	5억 4천만 원 이하	3,800만 원 이하	1,300만 원
	기타지역	3억 7천만 원 이하	3,000만 원 이하	1,000만 원

4. 상가건물의 권리분석 절차

먼저 상가건물임대차보호법의 적용 대상이 되는지, 소액 최우선변제 대상이 되는지를 따져 보아야 한다. 그 다음은 주택의 권리분석과 동일하다.

제1단계 : 말소기준권리를 찾는다.
제2단계 : 인수해야 할 권리와 말소되는 권리를 구분한다.

제3단계 : 등기부상의 권리들과 임대차 관계를 성립 시기에 따라 순서대로 정리한다.

제4단계 : 성립 순서대로 작성된 권리 및 임대차 관계를 토대로 다시 한 번 인수해야 할 권리와 말소되는 권리를 확인한다.

제5단계 : 낙찰가액을 추정한 후 개략적인 배당표를 작성해 본다.

5. 상가건물의 현황 분석을 위한 점검 사항

• 사람의 주목을 받을 수 있는 곳인가?
• 접근성이 용이한가?
• 사람들이 필요로 하는 물건을 취급하는 점포가 함께 있으면서 어느 정도 이상의 사람들이 늘 드나드는 지역인가?
• 인근 지역에 위치한 유사 상가의 권리금이 높은 곳인가?
• 인근 지역에 해당 상가와 경쟁할 만한 상가가 있는가? 새로 상가가 건축될 가능성이 있는가?

6. 미래가치 분석을 위한 점검 사항

- 매수 목적은 무엇인가?
- 목표 보유 기간은 얼마인가?
- 상권 호재 요인은 있는가?
- 상가건물에 대한 수요가 꾸준하게 있는 곳인가?

부록

실전 권리분석
사례 연습

실전 권리분석 사례 연습

〈주택〉

[사례 1] 서울특별시 송파구 APT

소재지 면적(㎡) 등	임차인 현황	등기사항전부증명서상 권리
서울 송파구 방이동 89 올림픽선 수기자촌아파트 **동 *층 ***호 대 지 83.2/488406㎡ (25.15평) 건 물 100.31㎡ (30.34평) 총 14층 중 *층 보존등기 1989.01.14원 토지감정 1,395,000,000원 평당가격 55,467,200원 건물감정 155,000,000원 평당가격 5,108,770원 감정기관 OO감정	법원 임차조사 조사된 임차내역 없음 전입세대 열람 홍** 전입 2001.03.05 점유 전부	소유권 이전: 홍** 2001.01.15 전소유자: 김** 매매(2000.11.10) **근저당 국민은행[말소기준권리]** 2003.10.30 84,500,000원 근저당 하나은행 2006.08.31 378,000,000원 강제 김** 2019.03.06 (2019타경5****) 청구액 534,629,456원

*단, 법원비용은 582만 원이라고 가정
낙찰가는 15억 5,000만 원이라고 가정

[사례 1] 정답표

(단위: 만 원)

권리의 종류	권리자	등기/확정일	전입	채권액	배당	미수금
법원비용	법원	–	–	–	582	0
근저당	국민은행	2003.10.30	–	8,450	8,450	0
근저당	하나은행	2006.8.31	–	3억 7,800	3억 7,800	0
강제	김**	2019.3.6	–	5억 3,462	5억 3,462	0

*말소기준권리는 국민은행 근저당이다.

소재지 면적(㎡) 등	임차인 현황	등기사항전부증명서상 권리
서울 양천구 목동 ***-**, *층 ***호 대 지 47.2/901.3㎡ (14.27평) 건 물 143.52㎡ (43.41평) 총 11층 중 9층 보존등기 1997.02.24원 토지감정 584,250,000원 평당가격 40,942,540원 건물감정 194,750,000원 평당가격 4,486,300원 감정기관 OO감정	법원 임차조사 조사된 임차내역 없음 전입세대 열람 김** 2008.01.08 점유 전부	소유권 이전 김** 2008.07.16 전소유자: 이** 매매(2008.07.11) **근저당 영등포농협 [말소기준권리]** 2015.04.30 420,000,000원 근저당 한** 2018.03.23 130,000,000원 임의 한** 2018.09.06 (2018타경8054) 청구액 101,019,178원 근저당 심** 2019.02.08 135,000,000원 근저당 심** 2019.02.13 75,000,000원

*단, 법원비용은 498만 원이라고 가정
  낙찰가는 6억 2,320만 원이라고 가정

[사례 2] 정답표

(단위: 만 원)

권리의 종류	권리자	등기/확정일	전입	채권액	배당	미수금
법원비용	–	–	–	–	498	0
근저당	영등포 농협	2015.4.30	–	4억 2,000	4억 2,000	0
근저당	한**	2018.3.23	–	3억 7,800	3억 7,800	0
임의 경매	한**	2018.9.6	–	–	–	0
근저당	심**	2019.2.8	–	1억 3,500	6,821	6,678
근저당	심**	2019.2.13	–	7,500	0	7,500

*말소기준권리는 영등포 농협 근저당권이다.

[사례 3] 서울특별시 관악구 APT

소재지 면적(㎡) 등	임차인 현황	등기사항전부증명서상 권리
서울 관악구 신림동 **** 삼성**아파트 3**동 *층 ***호 대 지 44.8/50978.2㎡ (13.57평) 건 물 113.31㎡ (34.28평) 총 25층 중 4층 보존등기 2001.09.21 토지감정 330,000,000원 평당가격 24,318,350원 건물감정 220,000,000원 평당가격 6,417,740원 감정기관 00감정	법원임차조사 전** 전입 2005.03.15 확정 - 배당 - 보증 - 전입세대 열람 전** 2005.03.15 점유 전부	소유권 이전 전** 2005.02.24 전소유자: 원** **근저당 하나은행 [말소기준권리]** 2009.11.02 120,000,000원 근저당 최** 2010.09.20 330,000,000원 가압류 이** 25,000,000원 2018.01.09 임의 하나은행 (여신관리부) 2019.04.16 청구액 120,000,000원

*단, 법원비용은 445만 원이라고 가정
관악구 압류는 당해세가 아니고 법정기일은 2016년 귀속분인 것이라고 가정
낙찰가는 4억 4,000만 원이라고 가정

[사례 3] 정답표

(단위: 만 원)

권리의 종류	권리자	등기/확정일	전입	채권액	배당	미수금
법원비용	-	-	-	-	445	0
근저당	하나은행	2009.11. 2	-	1억 2,000	1억 2,000	0
근저당	최**	2010. 9. 2	-	3억 3,000	3억 1,555	1,445
임의 경매	이**	2018. 1. 9	-	2,500	0	2,500
근저당	하나은행	2019. 4.16	-	-	-	-

☞ **여기서 잠깐!**

등기사항전부증명서에 압류라는 이름으로 등기가 된 경우가 많다.

그래서 압류와 관련해 꼭 정리해 두어야 할 것이 있다.

첫째, 세금 관련 당해세인데 당해세에는 국세인 상속세, 증여세, 종합부동산세와 지방세인 재산세, 종합토지세, 자동차세, 도시계획세, 공동시설세가 있다.

배당 순위는 임차인에 대한 소액최우선변제, 체불임금 채권에 대한 최우선 변제 다음 순위가 된다.

또한, 압류채권은 등기일이 아니라 신고일, 납세고지서발송일, 납세의무확정일 등 법정기일에 따라 배당순위가 결정된다.

그렇기 때문에 반드시 법정기일을 확인해야 한다.

마지막으로 국민건강보험이나 국민연금 관련 압류가 있는데 등기부상 담보물권 설정일과 체납 보험료의 납부기한을 비교해 날짜가 더 빠른 것이 우선한다.

소재지 면적(㎡) 등	임차인 현황	등기사항전부증명서상 권리
서울 마포구 중동 40-12 성산2차현 대아파트 202동 18층 1802호 　대 지 18.2/8038.4㎡ (5.51평) 　건 물 59.54㎡ (18.13평) 　총 19층 중 18층 　보존등기 2001.01.10 　토지감정 354,000,000원 　평당가격 64,246,830원 　건물감정 236,000,000원 　평당가격 13,017,100원 　감정기관 OO감정	법원임차조사 김** 전입 2017.12.22 확정 - 배당 - 보증 - 점유 전부 전입세대 열람 김**　2019.01.16	소유권 이전　조** 　2006.12.15 　210,000,000원 　전소유자: 오** **근저당 신한은행[말소기준권리]** 　(서교동금융센터) 　2015.05.12 　160,000,000원 　가압류 효성캐피탈 　2018.04.11 　220,000,000원 　강제 효성캐피탈 　2018.10.02 　(2018타경53411) 　청구액 220,000,000원 　압류 영등포세무서 　2018.12.07 　압류 마포구 　2018.12.27 　강제 한국캐피탈 　(서울지점여신관리팀) 　2019.01.10 　(2019타경186)

*단, 경매비용은 465만 원이라고 가정
　낙찰가는 5억 1,800만 원이라고 가정
　영등포 세무서 세금은 당해세이고 4,000만 원이며, 법정기일은 2015년 3월 5일임
　마포구 압류는 당해세이고 400만 원이며, 법정기일은 2015년 4월 1일임

[사례 4] 정답표

(단위: 만 원)

권리의 종류	권리자	등기/확정일	전입	채권액	배당	미수금
법원비용	-	-	-	-	498	-
압류	영등포세무서	2015. 3. 5	-	4,000	4,000	0
압류	마포구청	2015. 4. 1	-	400	400	0
근저당	신한은행	2015. 5.12	-	1억 6,000	1억 6,000	0
가압류	효성캐피탈	2018. 4.11	-	2억 2,000	2억 2,000	0
강제 경매	효성캐피탈	2018.10. 2	-	-	-	-
강제 경매	한국캐피탈	2019. 1.10	-	-	0	-
임차인	김**	-	2019. 1.16	-	0	-

[사례 5] 경기도 수원시 영통구 APT

소재지 면적(㎡) 등	임차인 현황	등기사항전부증명서상 권리
경기 수원시 영통구 망포동 698 엘지동수원자이아파트 302동 22층 2203호 대 지 62.4/52964.2㎡ (18.89평) 건 물 110.5997㎡ (33.46평) 총 23층 중 22층 보존등기 2003.07.30 토지감정 191,500,000원 평당가격 10,137,640원 건물감정 191,500,000원 평당가격 5,723,260원 감정기관 00감정	법원임차조사 임차내역 없음 전입세대 열람 전입 없음	소유권 이전 주** 2003.09.09 전소유자: **삼호(주) **근저당 국민은행[말소기준권리]** (수원영업지원센터) 2003.09.09 200,200,000원 근저당 국민은행 (수원지점) 2013.08.05 92,400,000원 근저당 이** 2018.06.21 180,000,000원 임의 이** 2019.07.30 (2019타경18050) 청구액 150,000,000원 가압류 케이비국민카드 (채권관리부) 2019.10.04 9,120,000원

*단, 법원비용은 377만 원이라고 가정
낙찰가는 4억 1,500만 원이라고 가정

[사례 5] 정답표

(단위: 만 원)

권리의 종류	권리자	등기/확정일	전입	채권액	배당	미수금
법원비용	–	–	–	–	377	–
근저당	국민은행 (수원영업 지원센터)	2003. 9. 9	–	2억 200	2억 200	0
근저당	국민은행 (수원지점)	2013. 8. 5	–	9,240	9,240	0
근저당	이**	2018. 6.21	–	1억 8,000	1억 1,683	6,317
임의 경매	이**	2019. 7.30	–	–	–	–
가압류	케이비 국민카드	2019.10. 4	–	912	0	912

[사례 6] 경기도 성남시 분당구 APT

소재지 면적(㎡) 등	임차인 현황	등기사항전부증명서상 권리
경기 성남시 분당구 서현동 310 *** 6**동 *층 **2호 대 지 65.9/114787.5㎡ (19.92평) 건 물 84.696㎡ (25.62평) 총 20층 중 3층 보존등기 1994.10.28 토지감정 224,700,000원 평당가격 11,280,130원 건물감정 524,300,000원 평당가격 20,464,490원 감정기관 OO감정	법원임차조사 임차내역 없음 전입세대 열람 김** 2002.04.18	소유권 이전 김남배 1996.04.19 **근저당 (주)한국스탠다드차타드 은행 [말소기준권리]** 2016.05.26 360,000,000 근저당 유니온저축은행 2018.01.31 63,700,000원 가압류 (주)와이티엔 2018.04.13 414,250,000원 가압류 (주)한국스탠다드차타드 은행(리테일금융리스크관리부) 2018.10.15 88,328,150원 가압류 삼성카드 2018.10.18 8,633,599원 가압류 우리카드 (채권관리부) 2018.11.06 21,853,325원 임의 한국주택금융공사 2018.12.13 (2018타경11864) 청구액 290,669,594원

*단, 법원비용은 521만 원이라고 가정
 낙찰가는 7억 1,181만 원이라고 가정

[사례 6] 정답표

권리의 종류	권리자	등기/확정일	전입	채권액	배당	미수금
법원비용	–	–	–	–	521	–
근저당	스탠다드 차타드은행	2016. 5.26	–	3억 6,000	3억 6,000	0
근저당	유니온 저축은행	2018. 1.31	–	6,370	6,370	0
가압류	와이티엔	2018. 4.13	–	4억 1,425	2억 1,984	1억 9,440
가압류	한국 스탠다드 차타드은행	2018.10.15	–	8,832	4,687	4,145
가압류	삼성카드	2018.10.18		863	458	405
가압류	우리카드	2018.11. 6		2,185	1,159	1,025
임의경매	한국주택 금융공사	2018.12.13	–	–	0	0

[사례 7] 경기도 고양시 덕양구 APT

소재지 면적(㎡) 등	임차인 현황	등기사항전부증명서상 권리
경기도 고양시 덕양구 00동 00 마을 213동 1405호 대지권 미등기 건물 39.99 총 15층 중 14층 보존등기 1983. 9. 23 토지감정 49,400,000원 건물감정 152,600,000원 감정기관 00감정	이** 전입 2016. 6.29 확정 2016. 5.18 점유 전부 보증금 1억3,000만 원	근저당 국민은행 [말소기준권리] (영동) 2009. 12. 5 4,800만 원 소유 안** 2015. 12. 14 근저당 권** 2018. 7. 6 3억원 임의경매 국민은행 (경매소송관리센터) 2019. 6. 14 청구액 4,290만 원

*단, 법원비용은 346만 원이라고 가정
낙찰가는 2억 1,200만 원이라고 가정

[사례 7] 정답표

(단위: 만 원)

권리의 종류	권리자	등기/확정일	전입	채권액	배당	미수금
법원비용	법원	–	–	–	346	0
근저당	국민은행	2009.12. 5	–	4,290	4,290	0
임차인	이**	2016. 5.18	2016. 6.29	1억 3,000	1억 3,000 (소액×)	0
근저당	권**	2018. 7. 6	–	3억	3,564	2억 9,996
임의	국민은행	2019. 6.14	–	–	–	0

[사례 8] 인천광역시 연수구 00동 소재 APT

소재지 면적(㎡) 등	임차인 현황	등기사항전부증명서상 권리
인천광역시 연수구 00동 00 APT 101동 605호 　대 지 44.6551 　건 물 88.86 　총 23층 중 6층 　보존등기 1995. 2. 27 　대지감정 91,000,000원 　건물감정 209,000,000원 　감정기관 00감정	조사된 임차내역 없음	소유 육** 　2012. 3. 21 　전소유자 모** 　매매(2002. 3. 4) **근저당 신한은행** 　(연수동) 　2012. 3. 21 　1억 5,600만 원 근저당 중소기업은행 　(부평) 　2018. 11. 10 　7,000만 원 근저당 신용보증기금 　(인천중앙) 　2018. 11. 20 　3억 원 임의경매 신용보증기금 　(인천중앙) 　2019. 5. 14 청구액 205,000,000원

* 단, 경매비용은 385만 원이라고 가정.
　낙찰가는 329,000,000원 이라고 가정.

[사례 8] 정답표

(단위: 만 원)

권리의 종류	권리자	등기/확정일	전입	채권액	배당	미수금
법원비용	법원	–	–	–	385	0
근저당	신한은행	2012. 3.21	–	1억 5,600	1억 5,600	0
근저당	중소기업은행	2018.11. 10	–	7,000	7,000	0
근저당	신용보증기금	2018.11. 20	–	2억 500	1억 300	1억 200
임의	신용보증기금	2019. 5. 14	–	–	0	0

[사례 9] 인천광역시 서구 APT

소재지 면적(㎡) 등	임차인 현황	등기사항전부증명서상 권리
인천 서구 마전동 ***-5 **아파트 ***동 6층 6**호 대 지 63.4㎡ (19.18평) 건 물 153.03㎡ (46.29평) 총 23층 중 6층 보존등기 2000.04.20 토지감정 91,260,000원 평당가격 4,760,570원 건물감정 259,740,000원 평당가격 5,611,150원 감정기관 OO감정	법원임차조사 조사된 임차내역 없음 전입세대 열람 김** 2006.09.15	소유 김** 2006.08.31 340,000,000 전소유자 박** **근저당 근해안강망수협** **(서구지점) [말소기준권리]** 2007.01.19 384,800,000원 근저당 근해안강망수협 (서구지점) 2007.05.31 46,800,000원 압류 국민건강보험공단 (인천서부지사) 2017.06.15 가압류 인천신용보증재단 (서인천지점) 2017.10.26 9,904,928원 임의 근해안강망수협 2017.11.10 (2017타경34921) 청구액 337,765,494원

* 단, 경매비용은 374만 원이라고 가정.
 낙찰가는 2억 7,180만 원이라고 가정
 국민건강보험공단 압류의 법정기일은 2010. 6. 30일 이고 금액은 300만 원이라고 가정

[사례 9] 정답표

(단위: 만 원)

권리의 종류	권리자	등기/확정일	전입	채권액	배당	미수금
법원비용	법원	–	–	–	374	0
근저당	근해안강망수협(서구지점)	2007. 1.19	–	3억 8,480	2억 6,806	0
근저당	근해안강망수협(서구지점)	2007. 5.31	–	4,680	–	4,680
압류	국민건강보험	2017. 6.15	–	300	–	300
임의	근해안강망수협	2017.11.10	–	–	–	–

소재지 면적(㎡) 동	임차인 현황	등기사항전부증명서상 권리
인천 부평구 십정동 **-** 가동 3층 3**호 　　대 지 26.1/408㎡ (7.89평) 　　건 물 35.55㎡ (10.75평) 　　총 3층 중 3층 　　보존등기 1989.09.08 　　토지감정 36,000,000원 　　평당가격 4,562,740원 　　건물감정 36,000,000원 　　평당가격 3,348,840원 　　감정기관 OO감정	법원임차조사 이** 전입2019.05.31 확정 - 배당 - 점유 전부 보증금: 300만 원 월세: 20만 원 전입세대 열람 전입 없음	소유 권** 　　2018.11.28 　　70,000,000원 전소유자 권** **근저당 최** [말소기준권리]** 　　2018.11.28 　　37,500,000원 전세권 박** 　　2018.11.28 　　40,000,000원 　　(2018.11.28~2020.11.27) 근저당 장** 　　2019.01.25 　　20,000,000원 임 의 김** 　　2019.06.17 　　(2019타경18664) 청구액 25,000,000원

* 단, 법원비용은 216만 원이라고 가정
  낙찰가는 6,236만 원이라고 가정

[사례 10] 정답표

(단위: 만 원)

권리의 종류	권리자	등기/확정일	전입	채권액	배당	미수금
법원비용	법원	-	-	-	216	0
근저당	최**	2018.11.28	-	3,750	3,750	0
전세권	박**	2018.11.28	-	4,000	2,270	1,730
근저당	장**	2019. 1.25	-	2,000	0	2,000
임의	김**	2019. 6.17	-	-	-	-

소재지 면적(㎡) 등	임차인 현황	등기사항전부증명서상 권리
인천 연수구 옥련동 ***-* **타운 4동 1층 102호 대 지 17.4/195㎡ (5.26평) 건 물 30.04㎡ (9.09평) 총 4층 중 1층 보존등기 2002.01.04 토지감정 25,600,000원 평당가격 4,866,930원 건물감정 38,400,000원 평당가격 4,224,430원 감정기관 OO감정	법원임차조사 조사된 임차내역 없음 전입세대 열람 남** 2001.12.27	소유권 남** 2002.01.17 전소유자 김** **근저당 국민은행 [말소기준권리]** (주택부평영업지원센터) 2002.01.17 56,600,000원 근저당 김** 2015.07.07 29,000,000원 압 류 국민건강보험공단 (인천남부지사) 2018.08.17 임 의 국민은행 (여신관리센터) 2018.12.13 (2018타경36146) 청구액 3,337만 원

* 단, 법원비용은 199만 원이라고 가정
낙찰가는 6,400만 원이라고 가정
국민건강보험공단의 법정기일은 2015. 7. 31일 이고 금액은 350만 원이라고 가정

[사례 11] 정답표

(단위: 만 원)

권리의 종류	권리자	등기/확정일	전입	채권액	배당	미수금
법원비용	법원	–	–	–	199	–
근저당	국민은행	2002. 1.17	–	3,337	3,337	0
근저당	김**	2017. 7. 7	–	2,900	2,864	36
압류	국민건강보험 공단	2018. 8.17	–	350	0	350
임의	국민은행	2018.12.31	–	–	–	–

[사례 12] 인천시 미추홀구 다세대주택

소재지 면적(㎡) 등	임차인 현황	등기사항전부증명서상 권리
인천 미추홀구 **동 248-224 **빌라 2층 202호 대 지 27.6/256㎡ (8.36평) 건 물 50.98㎡ (15.42평) 총 3층 중 2층 보존등기 2002.03.19 토지감정 38,500,000원 평당가격 4,605,270원 건물감정 71,500,000원 평당가격 4,636,840원 감정기관 OO감정	법원임차조사 장** 전입 2018.09.27 확정 2018.09.28 배당 2019.06.07 보증 1,800만 원 점유 전부 (점유 : 2018.9.27.~ 2020.9.26.) 보증금 : 1,800만 원	소유 차** 2015.01.26. 전소유자 이** 근저당 농협은행 [말소기준권리] (북인천지점) 2015.01.26 72,000,000원 가압류 롯데카드 (수원채권) 2017.11.22 7,180,000원 가압류 케이비국민카드 (채권관리부) 2018.04.16 6,350,000원 임 의 농협은행 (인천여신관리단) 2019.05.17 (2019타경15337) 청구액 5,942만 원

* 단, 경매비용은 258만 원이라고 가정.
  낙찰가는 7,200만 원이라고 가정

[사례 12] 정답표

(단위: 만 원)

권리의 종류	권리자	등기/확정일	전입	채권액	배당	미수금
법원비용	법원	–	–	–	258	–
소액임차인	장**	–	2018.9.27	1,800	1,800	–
근저당	농협은행	2015. 1.26	–	5,942	5,142	542
가압류	롯데카드	2017.11.22	–	718	0	718
가압류	케이비 국민카드	2018. 4.16	–	635	0	635
임의	농협은행	2019. 5.17	–	–	–	–

소재지 면적(㎡) 등	임차인 현황	등기사항전부증명서상 권리
서울특별시 구로구 개봉동 ***–** 1층 101호 　대 지　27.5/213㎡ (8.31평) 　건 물　55.32㎡ (16.73평) 　총 4층 중 1층 　보존등기 2003.05.03 　토지감정 63,000,000원 　평당가격 7,581,230원 　건물감정 117,000,000원 　평당가격 6,993,430원 　감정기관 OO감정	법원임차조사 김** 전입 2016.09.09 확정 – 배당 – 보증 – 점유 전부 전입세대 열람 김** 2016.09.09	소유 김** 　2007.11.29 　107,000,000원 전소유자 박** **근저당 국민은행 [말소기준권리]** 　(개봉남지점) 　2007.11.29 　94,900,000원 가처분 이** 　2017.09.01 　2017즈단**** 　서울**법원 임의 국민은행 　(여신관리센터) 　2019.04.02 　(2019타경3001) 청구액 92,000,000원

* 단, 경매비용은 279만 원이라고 가정.
　낙찰가는 1억 3,100만 원이라고 가정

[사례 13] 정답표

(단위: 만 원)

권리의 종류	권리자	등기/확정일	전입	채권액	배당	미수금
법원비용	법원	–	–	–	279	–
근저당	국민은행	2007.11.29	–	9,200	9,200	0
가처분	이**	2017. 9. 1	–	–	–	–
임의	국민은행	2019. 4. 2	–	–	–	–

[사례 14] 서울특별시 강북구 다세대주택

소재지 면적(㎡) 등	임차인 현황	등기사항전부증명서상 권리
서울특별시 강북구 수유동 ***-* ** 빌라트 5층 501호 대 지 29/148.4㎡ (8.78평) 건 물 49.79㎡ (15.06평) 총 5층 중 5층 보존등기 2010.10.25 토지감정 75,200,000원 평당가격 8,564,930원 건물감정 112,800,000원 평당가격 7,490,040원 감정기관 OO감정	법원임차조사 이** 전입 2016.02.17 확정 2016.02.17 배당 2019.09.28 보증 2,500만 원 점유 전부 전입세대 열람 이** 2016.02.17	소유 윤** 　2011.09.07 　175,000,000원 전소유자 신** **근저당 동부화재보험 [말소기준권리]** 　2015.05.29 　142,800,000원 가압류 삼성카드 　(강남콜렉션지점) 　2019.03.25 　6,970,000원 가압류 케이비국민카드 　2019.04.11 　29,410,000원 가압류 롯데캐피탈 　2019.06.28 　17,370,000원 임의 디비손해보험 　2019.07.29 　(2019타경105931) 청구액 117,740,000원

* 단, 경매비용은 293만 원이라고 가정.
　낙찰가는 1억 4,100만 원이라고 가정

[사례 14] 정답표

(단위: 만 원)

권리의 종류	권리자	등기/확정일	전입	채권액	배당	미수금
법원비용	법원	–	–	–	293	–
소액임차인	이**		2016.2.17	2,500	2,500	0
근저당	동부화재보험	2015. 5.29	–	1억 1,774	1억 1,600	174
가압류	삼성카드	2019. 3.25		697	0	697
가압류	케이비 국민카드	2019. 4.11		2,941	0	2,941
가압류	롯데캐피탈	2019. 6.28	–	1,737	0	1,737
임의	동부화재보험	2019. 7.29	–	–	–	–

[사례 15] 서울특별시 구 다세대주택

소재지 면적(㎡) 동	임차인 현황	등기사항전부증명서상 권리
서울특별시 양천구 신정동 ***–* 1 층 102호 대 지 20.4/221.2㎡ (6.17평) 건 물 42.51㎡ (12.86평) 총 4층 중 1층 보존등기 1993.08.04 토지감정 93,100,000원 평당가격 15,089,150원 건물감정 39,900,000원 평당가격 3,102,650원 감정기관 00감정	법원임차조사 조사된 임차내역 없음 전입세대열람 양** 2015.07.08	소유 양** 2015.07.14 130,000,000원 전소유자 이** **근저당 우리은행[말소기준권리]** 2015.07.14 109,200,000원 가압류 우리카드 2019.01.21 36,270,000원 임의 우리은행 (여신관리부) 2019.08.13 (2019타경7188) 청구액 104,500,000원

* 단, 경매비용은 256만 원이라고 가정.
  낙찰가는 1억 4,100만 원이라고 가정

[사례 15] 정답표

(단위: 만 원)

권리의 종류	권리자	등기/확정일	전입	채권액	배당	미수금
법원비용	법원	–	–	–	256	–
근저당	우리은행	2015. 7.14	–	1억 450	1억 450	0
가압류	우리카드	2019. 1.21	–	3,627	3,394	233
임의	국민은행	2019. 8.13	–	–	–	–

[사례 16] 경기도 평택시 포승읍 다세대주택

소재지 면적(㎡) 등	임차인 현황	등기사항전부증명서상 권리
경기도 평택시 **읍 **리 ***-* 3층 300에프호 　대 지 47.8/860㎡ (14.45평) 　건 물 27.28㎡ (8.25평) 　총 3층 중 3층 　보존등기 2008.07.11 　토지감정 10,200,000원 　평당가격 705,890원 　건물감정 23,800,000원 　평당가격 2,884,850원 　감정기관 OO감정	법원임차조사 조사된 임차내역 없음 전입세대 열람 이** 2018.10.12	소유 강** 　2012.01.02 전소유자 임영란 **근저당 가리봉2동새마을금고** 　[말소기준권리] 　2012.01.02 　42,900,000원 가압류 산와대부 　2018.04.30 　9,630,000원 압류 동대문세무서 　2018.07.16 임의 가리봉새마을금고 　(구:가리봉2동새마을금고) 　2019.02.21 　(2019타경1648) 청구액 30,090,000원

* 단, 경매비용은 161만 원이라고 가정.
　낙찰가는 1,440만 원이라고 가정
　동대문세무서 압류는 당해세가 아니고 법정기일은 2016년 5월 30일, 금액은 450만 원이라고 가정

[사례 16] 정답표

(단위: 만 원)

권리의 종류	권리자	등기/확정일	전입	채권액	배당	미수금
법원비용	법원	–	–	–	293	–
근저당	가리봉2동 새마을금고	2012. 1. 2	–	3,090	1,279	1,811
압류	동대문세무서	2016. 5.30	–	450	0	450
가압류	산와대부	2018. 4.30	–	963	0	963
임의	가리봉 새마을금고	2019. 2.21	–	–	–	–

소재지 면적(㎡) 등	임차인 현황	등기사항전부증명서상 권리
경기도 안산시 단원구 선부동 ***-1 **연립 *동 2층 202호 　대 지 33.1/5051.2㎡ (10평) 　건 물 35.28㎡ (10.67평) 　총 3층 중 2층 　보존등기 1989.05.08 　토지감정 58,200,000원 　평당가격 5,820,000원 　건물감정 38,800,000원 　평당가격 3,636,370원 　감정기관 00감정	법원임차조사 박** 전입 2009.01.08 확정 2009.01.08 배당 2019.04.15 보증 5000만 원 점유 전부 (점유 : 2009.01.07 ~) 전입세대 열람 박** 2009.01.08	소유 정** 　　2001.04.20 전소유자 임순철 근저당 국민은행[말소기준권리] 　　2008.05.06 　　41,640,000원 압류 안산시 　　2011.09.01 압류 안산세무서 　　2013.10.25 압류 안산시단원구 　　2015.10.15 임의 국민은행 　　(여신관리센터) 　　2019.01.28 　　(2019타경923) 청구액 24,440,000원

* 단, 경매비용은 246만 원이라고 가정.
　낙찰가는 9,135만 원이라고 가정
　압류는 모두 당해세가 아니고 법정기일은(안산시 2009년 5월2일, 안산세무서 2011년 4월 20일, 단원구 2013년 5월 30일이고
　금액은 각각 350만 원, 1,240만 원, 56만 원)이라고 가정

[사례 17] 정답표

(단위: 만 원)

권리의 종류	권리자	등기/확정일	전입	채권액	배당	미수금
법원비용	법원	–	–	–	293	–
근저당	국민은행	2008. 5. 6	–	2,444	2,444	0
임차인	박**	2009. 1. 8	2009. 1. 8	5,000	5,000	0
압류	안산시	2011. 9. 1	–	350	350	0
압류	안산세무서	2013.10.25		1,240	1,048	192
압류	안산시단원구	2015.10.15		56	0	56
임의	기리봉 새마을금고	2019. 1.28	–	–	–	–

소재지 면적(㎡) 등	임차인 현황	등기사항전부증명서상 권리
경기도 용인시 수지구 **동 69-47 1층 102호 대 지 40.8/239㎡ (12.35평) 건 물 39.49㎡ (11.95평) 총 3층 중 1층 보존등기 1992.05.09 토지감정 69,600,000원 평당가격 5,635,630원 건물감정 46,400,000원 평당가격 3,882,850원 감정기관 00감정	법원임차조사 송** 전입 2016.12.31 확정 2016.04.07 배당 2019.01.03 보증 8,000만 원 점유 전부 (점유 : 2016.04.15.~ 2019.04.14.) 전입세대 열람 송** 2018.12.31	소유 강** 　2010.11.30 전소유자 이** **근저당 용인중앙새마을금고** 　[말소기준권리] 　2013.11.25 　39,000,000원 가압류 전남신용보증재단 　2018.03.07 　42,500,000원 가압류 케이비국민카드 　(채권관리부) 　2018.07.20 　5,860,000원 압류 여수세무서 　2018.08.17 가압류 여수원예농협 　2018.10.24 　10,770,000원 임의 용인중앙새마을금고 　2018.12.12 　(2018타경518577) 청구액 30,190,000원

* 단, 경매비용은 266만 원이라고 가정.
　낙찰가는 9,430만 원이라고 가정
　여수세무서의 압류는 당해세가 아니고 법정기일은 2016년 5월30일, 금액은 1,170만 원이라고 가정

[사례 18] 정답표

(단위: 만 원)

권리의 종류	권리자	등기/확정일	전입	채권액	배당	미수금
법원비용	법원	–	–	–	293	–
근저당	용인중앙 새마을금고	2013.11.25	–	3,900	3,900	0
압류	여수세무서	2018. 8.17 (법정기일 : 2016. 5.30)	–	1,170	1,170	0
임차인	송**	2016. 4. 7	2016.12.31	8,000	4,067	3,933
가압류	전남보증재단	2018.10.24	–	4,250	0	4,250
압류	여수원예농협	2018.12.12	–	1,077	0	1,077
임의경매	용인중앙 새마을금고	2019. 1.28	–	–	–	–

소재지 면적(㎡) 등	임차인 현황	등기사항전부증명서상 권리
경기도 성남시 중원구 **동 17**-1 4 층 402호 대 지 13.3/134.2㎡ (4.02평) 건 물 52.17㎡ (15.78평) 총 4층 중 4층 보존등기 1991.11.01 토지감정 96,000,000원 평당가격 23,880,600원 건물감정 64,000,000원 평당가격 4,055,770원 감정기관 00감정	법원임차조사 서** 전입 2015.12.03 확정 2015.12.03 배당 2019.08.08 보증 3,200만 원 점유전부 (점유 : 2015.12.03.~) 전입세대 열람 서** 2015.12.03	소유 고** 　2015.10.30 　160,000,000원 전소유자 손** **근저당 성남제일새마을금고** [말소기준권리] 　2015.10.30 　126,000,000원 임의 성남제일새마을금고 　2019.06.20 　(2019타경5804) 청구액 107,620,000원

* 단, 경매비용은 254만 원이라고 가정.
　낙찰가는 1억 2,257만 원이라고 가정

[사례 19] 정답표

(단위: 만 원)

권리의 종류	권리자	등기/확정일	전입	채권액	배당	미수금
법원비용	법원	–	–	–	254	–
소액임차인	서**	2015.12. 3	2015.12.3	3,200	2,500	700
근저당	성남제일 새마을금고	2015.10.30	–	1억 762	9,503	1,259
임차인	서**	2015.12. 3	2015.12.3	700	0	700
임의경매	성남제일 새마을금고	2019. 6.20	–	–	–	–

[사례 20] 서울특별시 강북구 수유동 소재 다가구주택

소재지 면적(㎡) 등	임차인 현황	등기사항전부증명서상 권리
서울시 강북구 수유동 734-000 대지 119 (35.99평) 건물 1층 60.28 2층 59.29 지층 60.28 옥탑 8. 12 제시외 옥상계단 5 총 2층 보존등기 1996. 11. 2 대지감정 392,700,000원 건물감정 89,903,340원 감정기관 OO감정	박** 전입 2010. 10.25 점유 2층 전체 및 옥탑/주거 보증금 9,800만 원 신** 전입 2013. 4. 9 점유 지층전체/주거 보증금 8,800만 원	소유 고** 2012. 4. 9 전소유자 이** 매매(2012. 3. 5) 근저당 구항농협[말소기준권리] 2016. 2. 24 2억 1,000만 원 근저당 구항농협 2018. 5. 20 3억 9,000만 원 임의경매 구항농협 2020. 1. 21 청구액 392,000,000원

* 단, 경매비용은 320만 원이라고 가정.
  낙찰가는 462,800,000원 이라고 가정.

[사례 20] 정답표

(단위: 만 원)

권리의 종류	권리자	등기/확정일	전입	채권액	배당	미수금
법원비용	법원	–	–	–	320	–
소액임차인	박**	–	2010.10.25	9,800	3,400	6,400
소액임차인	신**	–	2013.4.9	8,800	3,400	5,400
근저당	구항농협	2016. 2.24	–	3억 9,200	3억 9,160	40
근저당	구항농협	2018. 5.20	–			
임의경매	구항농협	2020. 1.21	–			
임차인	박용관	–	2010.10.25	6,400	0	6,400 (인수)
임차인	신경만	–	2013.4.9	5,400	0	5,400 (인수)

〈상가건물〉

[사례 1] 서울특별시 강남구 상가건물

소재지 면적(㎡) 등	임차인 현황	등기사항전부증명서상 권리
서울시 강남구 00동 1**-33번지 　　대지 721.8 (218.34평) 　　건물 　　1층 350 　　2층 350 　　3층 272 　　지층 147 　　제시외 　　　보일러실 7.2 　　총 3층 　　보존등기 1994. 11. 25 　　대지감정 14,755,035,600원 　　건물감정 657,435,720원 　　제시 외　1,080,000원 　　감정기관 00감정	감** 전입 2010. 3. 19 점유 지하층~2층 보증금 3억 원 차임 월 4,400만 원 점유 2010. 10.31 ~	소유 **기업 　2005. 9. 27 　전소유자 안** 　매매(2005. 5. 11) **근저당 푸른이저축은행** 　[말소기준권리] 　2005. 9. 27 　78억 5,000만 원 근저당 구** 　2009. 9. 27 　5억 원 근저당 구** 　2009. 10. 4 　11억 원 근저당 구** 　2010. 1. 6 　26억 원 근저당 구** 　2012. 5. 4 　26억 원 가압류 이** 　2012. 12. 10 　3억 5,000만 원 임의경매 구** 　　2019. 5. 26 청구액 6,800,000,000원

* 단, 경매비용은 1,200만 원이라고 가정.
　낙찰가는 15,413,551,320원 이라고 가정

[사례 1] 정답표

(단위: 만 원)

권리의 종류	권리자	등기/확정일	전입	채권액	배당	미수금
법원비용	법원	–	–	–	1,200	–
근저당	푸른이 저축은행	2005. 9.27	–	78억 5,000	78억 5,000	0
근저당	구**	2009. 9.27	–	5억	5억	0
근저당	구**	2009.10. 4	–	11억	11억	0
근저당	구**	2010. 1. 6	–	26억	26억	0
근저당	구**	2012. 5. 4	–	26억	26억	0
가압류	이**	2012.12.10	–	3억 5,000	3억 5,000	0
김**	임차인	–	2010.3.19	3억	3억	0
임의경매	구**	2019. 5.26	–	–	–	–

[사례 2] 서울특별시 강남구 역삼동 오피스텔 상가

소재지 면적(㎡) 등	임차인 현황	등기사항전부증명서상 권리
서울특별시 강남구 역삼동 ***-** 역삼**** 2층 203-1호 대 지 7.4/1645.7㎡ (2.24평) 건 물 43.58㎡ 미용실 총 15층 중 2층 보존등기 2016.03.09 토지감정 246,900,000원 평당가격 110,223,220원 건물감정 576,100,000원 평당가격 43,710,170원 감정기관 OO감정	법원임차조사 최** 사업 2016.08.12 확정 – 배당 2017.12.26 보증 5,000만 원 차임 월 240만 원 환산 2억 9,000만 원 점유 203-1호(43.58 ㎡) 근린생활시설 (점유: 2016.09.15.~ 현재까지)	소유 서** 2016.07.11 전소유자: (주)리얼** **근저당 부천지구축협** [말소기준권리] 2016.07.11 455,000,000원 근저당 (주)리얼티투자개발 2016.07.11 325,000,000원 임의 (주)리얼티투자개발 2017.10.17 (2017타경9993) 청구액 325,000,000원 임의 부천지구축협 2019.08.21 (2019타경6776)

* 단, 경매비용은 556만 원이라고 가정.
 낙찰가는 5억 9,900만 원이라고 가정

[사례 2] 정답표

(단위: 만 원)

권리의 종류	권리자	등기/확정일	전입	채권액	배당	미수금
법원비용	법원	–	–	–	556	–
근저당	부천지구축협	2016. 7.11	–	4억 5,500	4억 5,500	0
근저당	리얼투자개발	2016. 9.27	–	5억	1억 3,844	0
임차인	최**	2016. 8.12	2016. 8.12	5,000	–	3억 6,156
	부천지구축협	2017.10.17	–	–	–	–
임의경매	리얼투자개발	2019. 6.20	–	–	–	–

[사례 3] 서울특별시 은평구 응암동 아파트 상가

소재지 면적(㎡) 등	임차인 현황	등기사항전부증명서상 권리
서울특별시 은평구 응암동 *** 백**2차 상가동3동 지하층 213호 　대 지 80.6/41403.1㎡ (24.37평) 　건 물 129.37㎡ (39.13평) 　사무소 지하층 보존등기 2015.12.09 토지감정 390,000,000원 평당가격 16,003,290원 건물감정 390,000,000원 평당가격 9,966,780원 감정기관 00감정	법원임차조사 (주)청호비전코리아 사업 2018.07.20 확정 － 배당 2019.07.20 보증 100만 원 차임 월 50만 원 환산 5,100만 원 점유 전부 　(129.37㎡)/점포 (점유 : 2018.07.17~ 　2020.07.17)	소유 (주)청호전***코리아 　2016.11.30 　960,000,000원 전소유자 (주)청호**코리아 근저당 하나은행 　2017.03.21 　196,000,000원 근저당 박** 　2017.12.13 　350,000,000원 압류 은평세무서 　2018.10.19 임의 하나은행 　2019.06.26 　(2019타경3666) 청구액 665,142,088원

* 단. 경매비용은 526만 원이라고 가정.
　낙찰가는 6억 5,000만 원이라고 가정.
　은평세무서 압류는 당해세가 아니고 법정기일은 2017년 5월 30일이며, 금액은 7,700만 원이라고 가정

[사례 3] 정답표

(단위: 만 원)

권리의 종류	권리자	등기/확정일	전입	채권액	배당	미수금
법원비용	법원	－	－	－	526	－
소액최우선	(주)청호비전코리아	2018. 7.20	2018. 7.20	100	100	0
근저당	하나은행	2017. 2.21	－	1억 9,600	1억 9,600	0
압류	은평세무서	2018.10.19	－	7,700	7,700	0
근저당	박**	2017.12.13	－	3억 9,000	3억 7,074	1,926
임의경매	하나은행	2019. 6.26	－	－	－	－

소재지 면적(㎡) 등	임차인 현황	등기사항전부증명서상 권리
서울특별시 중구 신당동 ***-** 팀 2** 3층 3**호 토 지 1.3/1042㎡ (0.41평) 건 물 4.16㎡ (1.26평) 총 15층 중 3층 보존등기 2005.07.01 토지감정 44,000,000원 평당가격 107,317,080원 건물감정 66,000,000원 평당가격 52,380,960원 감정기관 00감정	법원임차조사 조사된 임차내역 없음	소유 이** 　2007.12.28 　189,000,000원 전소유자 (주)한섬이공사 **근저당 신한은행[말소기준권리]** 　2007.12.28 　85,800,000원 임의 신한은행 　2018.08.16 　(2018타경7161) 청구액 58,690,000원

* 단, 경매비용은 240만 원이라고 가정.
  낙찰가는 4,655만 원이라고 가정

[사례 4] 정답표

(단위: 만 원)

권리의 종류	권리자	등기/확정일	전입	채권액	배당	미수금
법원비용	법원	–	–	–	240	–
근저당	신한은행	2007.12.28	–	5,869	4,415	1,454
임의경매	신한은행	2018. 8.16	–	–	–	–

[사례 5] 경기도 고양시 덕양구 아파트상가

소재지 면적(㎡) 등	임차인 현황	등기사항전부증명서상 권리
경기도 고양시 덕양구 **동 **-*** **단지 상가동 204호 　대지 40.33 　건물 41.56 　총 2층 중 2층 　보존등기 1997. 6. 27 　대지감정 34,500,000원 　건물감정 80,500,000원 　감정기관 OO감정	이**(바른 수학) 사업 2012. 1. 22 확정 2012. 1. 22 배당 2020. 4. 25 점유 전부 보증금 1,000만 원 차임 월 20만 원 점유 2008. 9.30 ~	소유 조** 　2001. 7. 14 　전소유자 김** 　매매(2001. 7. 10) **근저당 국민은행[말소기준권리]** 　(효창동) 　2011. 12. 20 　4,550만 원 근저당 안** 　2012. 8. 1 　4,500만 원 가압류 국민은행 　(담보여신관리센터) 　2012. 8. 7 　1,074만 원 가압류 농협중앙회 　(목동) 　2013. 10. 19 　423만 원 가압류 이** 　2013. 10. 20 　2,000만 원 임의경매 국민은행 　(경매소송관리센터) 　2020. 3. 25 청구액 45,500,000원

* 단, 경매비용은 118만 원이라고 가정.
낙찰가는 78,800,000원 이라고 가정

[사례 5] 정답표

(단위: 만 원)

권리의 종류	권리자	등기/확정일	전입	채권액	배당	미수금
법원비용	법원	–	–	–	118	–
소액임차인	이**	2012.1.22	2012.1.22	1,000	1,000	–
근저당	국민은행	2011.12.20	–	4,550	4,550	0
근저당	안**	2012. 8. 1	–	4,500	2,212	2,288
가압류	국민은행	2012. 8. 7	–	1,074	0	1,074
가압류	농협중앙회	2013.10.19	–	423	0	423
가압류	이**	2013.10.20	–	2,000	0	2,000
임의경매	국민은행	2020. 3.25	–	–	–	–

[사례 6] 경기도 안산시 원곡동 근린상가

소재지 면적(㎡) 등	임차인 현황	등기사항전부증명서상 권리
경기도 안산시 단원구 원곡동 ***-5 **동 2층 210호 　　대지 34.9/55190.3㎡ (10.56평) 　　건 물 39.6㎡ (11.98평) 점포 　　총 3층 중 2층 　　보존등기 1989.09.12 　　토지감정 84,900,000원 　　평당가격 8,039,780원 　　건물감정 198,100,000원 　　평당가격 16,535,900원 　　감정기관 OO감정	법원임차조사 오** 사업 2017.06.02 확정 2017.06.02 배당 2019.05.30 보증 200만 원 차임 월 15만 원 환산 1,700만 원 점유 210호 전부 (점유 : 2017.06.01 ~)	소유 성** 　　2006.06.30 　　195,000,000원 전소유자 김** **근저당 우리은행 [말소기준권리]** 　　2010.07.26 　　240,000,000원 가압류 신용보증기금 　　(반월지점) 　　2019.03.20 　　280,000,000원 가압류 경기신용보증재단 　　(안산지점) 　　2019.03.28 　　128,000,000원 가압류 중소기업은행 　　(여신관리부) 　　2019.04.04 　　559,000,000원 임의 우리은행 　　2019.04.29 　　(2019타경4420) 청구액 190,000,000원

* 단, 경매비용은 404만 원이라고 가정.
　낙찰가는 1억8,700만 원이라고 가정

[사례 6] 정답표

(단위: 만 원)

권리의 종류	권리자	등기/확정일	전입	채권액	배당	미수금
법원비용	법원	–	–	–	404	–
소액임차인	오**	2017.06.02	2017.06.02	200	200	0
근저당	우리은행	2010. 7.26	2010. 7.26	1억 9,000	1억 8,396	604
가압류	신용보증기금	2019. 3.20	–	2억 8,000	0	2억 8,000
가압류	농협중앙회	2019. 3.28	–	1억 2,800	0	1억 2,800
가압류	이**	2019. 4. 4	–	5억 5,900	0	5억 5,900
임의경매	국민은행	2019. 4. 29	–	–	–	–

[사례 7] 경기도 시 소재 아파트상가

소재지 면적(㎡) 등	임차인 현황	등기사항전부증명서상 권리
경기도 용인시 수지구 상현동 ****- * 광교어드** 1층 103호 　대 지 12.6/1268.8㎡ (3.8평) 　건 물 48.23㎡ (14.59평) 　총 10층 중 1층 　보존등기 2014.07.07 　토지감정 275,000,000원 　평당가격 72,368,430원 　건물감정 825,000,000원 　평당가격 56,545,580원 　감정기관 00감정	법원임차조사 (주)동천(윤**) 사업 2016.11.29 확정 2016.11.29 배당 보증 1,000만 원 차임 월 260만 원 환산 2억 7,000만 원 점유 103호 전부 (점유-2016.11.30~ 2018.11.26)	소유 이** 　　2014.10.24 전소유자 (주)광교법조상가 **근저당 국민은행 [말소기준권리]** 　　2015.10.24 　　780,000,000원 임의 국민은행 　　2019.01.18 청구액 659,000,000원

* 단, 경매비용은 568만 원이라고 가정.
　낙찰가는 7억 5,670만 원이라고 가정

[사례 7] 정답표

(단위: 만 원)

권리의 종류	권리자	등기/확정일	전입	채권액	배당	미수금
법원비용	법원	-	-	-	568	0
근저당	국민은행	2015.10.24	-	6억 5,900	6억 5,900	0
임차인	(주)동천	2016.11.29	2016.11.29	1,000	1,000	0
임의경매	국민은행	2019. 1.18	-	-	-	-

[사례 8] 경기도 고양시 덕양구 상가주택

소재지 면적(㎡) 등	임차인 현황	등기사항전부증명서상 권리
경기도 고양시 덕양구 **동 00번지 대지 249 건물 1층 59.4(대중음식점) 2층 38(주택) 부속사 32 제시외 화장실 4.1 창 고 5.1 통 로 2 총 2층 보존등기 1991. 8. 3. 대지감정 430,770,000원 건물감정 97,849,580원 제시외 1,040,000원 감정기관 00감정	법원임차조사 김** 사업 2019. 4. 3 점유 2019. 4. 3 보증금 6,000만 원 차임 월 198만 원	소유 서** 1991. 8. 3 매매(1991. 6. 13) **근저당 한진저축은행[말소기준권리]** 2015. 11. 9 2억6,000만 원 근저당 한진저축은행 2017. 4. 5 1억 5,600만 원 근저당 솔로몬저축은행 2017. 5. 3 3억 원 근저당 최** 2018. 2. 15 1억 5,000만 원 가압류 안국저축은행 2019. 5. 25 5억 원 임의경매 경기솔로몬저축은행 2020. 3. 23 청구액 300,000,000원

* 단, 경매비용은 482만 원으로 가정.
  낙찰가는 523,700,000원으로 가정.

[사례 8] 정답표

(단위: 만 원)

권리의 종류	권리자	등기/확정일	전입	채권액	배당	미수금
법원비용	법원	–	–	–	482	0
근저당	한진저축은행	2015.11. 9	–	2억 6,000	2억 6,000	0
근저당	한진저축은행	2017. 4. 5	–	1억 5,600	1억 5,600	0
근저당	솔로몬저축은행	2017 .5. 3	–	3억	1억 288	1억 9,712
근저당	최**	2018. 2.15	–	1억 5,000	0	1억 5,000
임차인	김**	2019. 4. 3	2019.4.3	6,000	0	6,000
가압류	안국저축은행	2019 .5.25	–	5억	0	5억
임의경매	경기솔로몬 저축은행	2020. 3.23	–	–	–	–

[사례 9] 인천시 연수구 송도동 아파트상가

소재지 면적(㎡) 등	임차인 현황	등기사항전부증명서상 권리
인천시 연수구 송도동 00번지 00상 가 301호 대지 40.33 건물 41.56 총 2층 중 2층 보존등기 1997. 6. 27 대지감정 34,500,000원 건물감정 180,500,000원 감정기관 00감정	법원임차조사 소유자 점유	소유 왕** 2017. 6. 5 3억 5,000만 원 전소유자 00건설 매매(2017. 5. 2) **근저당 하나은행[말소기준권리]** (연수) 2017. 6. 5 6억 5,000만 원 근저당 현대스위스저축은행 2017. 6. 11 2억 6,000만 원 근저당 광주은행 (서울 영업부) 2018. 5. 26 1,074만 원 임의경매 하나은행 (여신관리부) 2018. 5. 27 청구액 341,000,000원

* 단, 경매비용은 364만 원으로 가정
낙찰가는 394,000,000원으로 가정.

[사례 9] 정답표

(단위: 만 원)

권리의 종류	권리자	등기/확정일	전입	채권액	배당	미수금
법원비용	법원	–	–	–	364	0
근저당	하나은행	2017. 6. 5	–	3억 4,100	3억 4,100	0
근저당	현대스위스 저축은행	2017. 6. 11	–	2억 6,000	4,936	2억 1,064
근저당	광주은행	2018. 5.26	–	1,074	0	1,074
임의경매	하나은행	2010. 5. 27	–	–	–	–

소재지 면적(㎡) 등	임차인 현황	등기사항전부증명서상 권리
인천시 부평구 **동 456-8 B상가동 103호 　　대지 32.31 　　건물 24.18 　　총 2층 중 1층 　　보존등기 2004. 9. 3 　　대지감정 63,000,000원 　　건물감정 187,000,000원 　　감정기관 00감정	법원임차조사 조사된 임차내역 없음	소유　이** 　　2015. 2. 14 　　매매(2004. 10. 25) 근저당　농협중앙회 　　　　(인천삼산) 　　2015. 2. 14 　　1억 6,800만 원 근저당　농협중앙회 　　　　(인천삼산) 　　2016. 8. 8 　　1억 4,800만 원 임의경매　농협중앙회 　　　　(이관채권관리팀) 　　2020. 3. 19 　　청구액 244,560,392원

* 단, 경매비용은 205만 원으로 가정.
　낙찰가는 237,900,000원으로 가정

[사례 10] 정답표

(단위: 만 원)

권리의 종류	권리자	등기/확정일	전입	채권액	배당	미수금
법원비용	법원	–	–	–	205	0
근저당	농협중앙회	2015. 2.14	–	1억 6,800	1억 6,800	0
근저당	농협중앙회	2016. 8. 8	–	1억 4,800	6,785	8,015
임의경매	농협중앙회	2020. 3.19	–	–	–	–

하마터면 부동산 경매도 모르고 집 살 뻔했다

초판 1쇄 인쇄 2020년 4월 16일
초판 1쇄 발행 2020년 4월 20일

지은이 김종선 진변석 박범용 임태욱

펴낸이 박세현
펴낸곳 팬덤북스

기획 위원 김정대 김종선 김옥림
기획 편집 윤수진
디자인 이새봄
마케팅 전창열

주소 (우)14557 경기도 부천시 부천로 198번길 18, 202동 1104호
전화 070-8821-4312 | **팩스** 02-6008-4318
이메일 fandombooks@naver.com
블로그 http://blog.naver.com/fandombooks

출판등록 2009년 7월 9일(제2018-000046호)

ISBN 979-11-6169-112-1 (03320)